그냥 평소처럼
말했을 뿐인데

왜 짜증을 내냐고?

그냥 평소처럼
말했을 뿐인데

방연주 지음

북포스

왜 가까울수록 함부로 말할까?

"나에게 가장 상처 주는 사람은 누군가?"

한 설문기관이 성인과 청소년을 대상으로 이렇게 물었다. 성인 답변 1위는 배우자이고, 청소년 답변 1위는 엄마, 2위는 아빠란다.

아이러니하게도 말의 온도는 친분과 반비례하는 경향이 있다. 가까울수록 함부로 말하는 것이다. 우리는 낯선 사람을 대할 때 존중하고 배려하며 품위 있는 말을 건네려고 애를 쓴다. 심지어 같이 있으면 불편한 감정을 느끼는 사람에게조차 예의를 갖추며 긍정의 말투를 쓰려고 노력한다. 반면 가족이나 가까운 동료, 지인에게는 감정을 여과 없이 드러내며 날을 세우고 부정적 말투를 툭툭 내뱉는다. 왜 그런 걸까?

한 남자의 아내이자 두 아이의 엄마인 나 역시 다를 바 없었다. 늘

그냥 평소처럼 말했을 뿐인데

시간에 쫓기는 워킹맘이란 핑계로 아이들에게 '바름'을 알려주기보다 '빠름'을 강요하곤 했다. 당연히 나의 언어는 감정이 뒤섞인 하수의 말투였다. 조바심에 화내고, 짜증 섞인 목소리로 재촉했다. 늘 가까이 있기에 소중함을 망각한 채로.

"엄마, 새로 이사 온 집에서는 화내지 않기로 약속했잖아요."

"맞아, 엄마가 그렇게 말했었어."

아이들 꽁무니를 따라다니며 이래라, 저래라 다그쳤더니 아들이 몇 달 전 공개선언한 말을 환기시킨다. 그러자 기다렸다는 듯이 딸이 맞장구친다. 옆에 있던 남편이 최후의 일격을 가한다.

"너희들 그 말을 믿었어?"

엄마표 무차별적 언성 높인 잔소리를 지적하는 아이들에게 부끄러웠다. 애당초 믿지 않았다는 남편의 냉랭한 말은 아프기까지 했다.

"그랬었지? 엄마가 약속을 못 지켰네. 미안해. 엄마도 화내고 싶지 않아. 엄마가 약속하면서 도와달라고 부탁했었지? 이번에는 실패하지 않도록 잘 도와줘. 이번에는 꼭 약속을 지키고 싶어."

이렇게 나의 '말투 세탁 프로젝트'는 시작되었다. 아무런 긍정적 효과를 거두지 못하는 소모적인 말투를 버리고 듣는 이의 마음을 북돋고 기운에 차고 넘치도록 만드는 생산적 말투를 쓰기로 결심했다. 생산적 말투는 긍정의 언어요, 생명의 언어이자 불가능을 가능케 하는 힘 있는 언어다. 파괴하고 좌절시키는 말을 버리고 대신 긍정의 말투로 하나씩 바꾸기로 했다.

말에는 심리적 태도를 바꾸는 놀라운 힘이 있음이 증명되었다. 그 사실을 깊이 받아들이며 나는 오늘도 행복한 하루가 창조되길 기도한다. 긍정의 말투는 나와 가족, 소중한 이들에게 행복을 선사해줌은 물론 일상에 찌든 낡은 관계를 처음의 설렘처럼 회복하고, 잊고 살았던 꿈에 한 걸음 다가가게 해주는 가장 쉬운 방법이다.

이 책은 일상에 찌들어 스스로 깨닫지 못하는 자신의 부정적 말투를 다듬기 위해 하루에 단 한마디라도 긍정적으로 써보자고 다짐한 이들을 위한 좋은 말투 요점노트이자 오답 노트이다. 출근길이나 점심 시간 단 10분만이라도 읽고 적용할 수 있으면 좋겠다. 책을 읽다 떠오른 좋은 말투가 있다면 여백에 적어두고 실천해 보자. 페이지를 넘길 때마다 떠오르는 얼굴이 있다면 그것도 메모해두자. 하루가 지나기 전에 머뭇거리지 말고 만나거나 연락하자. 거울 속 자신과의 대화도 좋다. 예전과는 전혀 다른 방식으로 표현해 보자. 칭찬하고, 공감해주고, 잘못을 인정하고, 긍정의 언어로 말하는 것에 익숙해질 수 있다.

말투 하나로 인생을 바꾸는 기적이 당신에게도 일어나길 기도한다.

2019년 3월

방연주

그냥 평소처럼 말했을 뿐인데

차례

간호장교 이십 년 차인 나는 '방 소령'으로 불린다. 현재는 국군수도병원 기획총괄장교로 살고 있다. 건강을 되찾기 위해 힘든 시간을 이겨내는 환자들과 이들을 돕기 위해 최선을 다하는 직장동료들이 있다.

업무를 위해 만나는 전문가들이 있으며, 사회에서 만나 사적인 관계를 유지하는 지인들도 있다. 그리고 집에는 딸 하나 아들 하나, 남편이 있다.

이 관계망이 내가 살아가는 일상적 세계의 모습이다.

나는 이 관계망에 작은 파문을 일으키고 싶었다. 내 인생의 행복과 불행이, 그들과의 관계에서 비롯된다는 생각 때문이었다. 그 작은 파문이란 '말투 바꾸기'였다.

1장

말투 바꾸기
프로젝트

말투에 대한 목표는
하찮게 보일 만큼 잘게 쪼갠다

　7년간 150억의 재산을 날린 사람이 있다. 그는 지금까지의 방식으로는 안 된다고 생각하고 전략을 바꾸었다. '지금까지의 내 삶은, 성공은 드물고 실패는 흔했다. 이 구조부터 바꾸어보자. 사소하고 하찮다는 생각을 버리고 매일 작은 일에서부터 성공을 경험해 보자. 지금 이 순간만의 성공을 위해서 살자.' 그는 작은 성공의 경험을 축적하면서 하루하루를 성공의 향연장으로 가꾸어갔다. 그렇게 그의 주변과 달력에는 성공이 넘쳐났고, 원하는 인생이 펼쳐지기 시작했다. 〈세상을 바꾸는 15분(세바시)〉 872회에 출연했던 야나두 김민철 대표의 이야

그냥 평소처럼 말했을 뿐인데

기다. 그는 자신의 성공 방정식에 '100% 성공하는 법'이라는 이름을 붙였다.

그의 스토리를 듣다가 나도 주먹을 쥐었다. 그동안 여러 차례 시도 했지만 번번이 중단했던 도전을 결심했다. 김민철 대표처럼 이름도 붙 였다. '100% 성공하는 말투 바꾸기'. 더 나은 삶, 더 행복한 삶, 더 나 다운 삶을 살기 위해 꼭 성공하고 싶었다.

아이들과 함께하는 시간이 길어지면 나의 목소리는 점점 커진다. 언 제까지 큰 소리가 효과를 거둘까? 아이들이 사춘기에 접어들면 내 입에 서 나오는 모든 소리가 소음에 불과할지 모른다. 잘못된 습관을 바꿔야 했다.

그래서 '아이들에게 소리 지르지 않는다.'라는 목표를 세웠다. '온유 한 마음을 갖게 해달라'고 기도하지만 번번이 실패했다. 지금도 어려 운 과제다. 아홉 번의 고비를 잘 넘기지만 한 순간을 못 이기고 고함이 터진다. 그 한 번 때문에 '나는 못난 엄마야'라고 자책한다. 소리를 지 른다는 것은 이미 자제력을 잃었다는 뜻이다. 소리 지르는 습관을 제 어하기 위해 나는 다음과 같이 행동 목표를 잘게 쪼갰다.

❶ 먼저, 큰 숨을 들이쉰다.
❷ 마음속으로 하나에서 열까지 천천히 센다.
❸ 차가운 물을 들이켠다.

❹ 아이의 눈을 바라본다.

❺ 낮은 목소리로 단호하게 말한다.

❻ '나' 전달법을 사용한다. ("대답하지 않으면 엄마가 무시당한다는 느낌이 들어.")

❼ 질문을 통해 아이가 스스로 결정하고 답하게 한다.

(* 비난하는 말투를 사용하지 않는다. '야, 너'가 아닌 이름을 붙여 말한다.)

이렇게 쪼개기 방법을 쓰니까 성공 확률도 높아진다. 실패해도 낙담하거나 우울하지 않다. 대신 다음에 실패를 줄이기 위해 어떤 노력을 더 해야 하는지 생각하게 된다. 처음에는 의식적으로 단계를 생각하며 그에 맞춰 행동하던 것도 되풀이하다 보니 자연스레 몸에 익숙해진다. 이 성공 경험은 내게 중요한 기점이 되었다. 나도 할 수 있겠다는 자신감이 들었다.

: 행복을 부르는 말투 바꾸기 프로젝트 :

꿈을 품고 무언가 할 수 있다면 작은 일이라도 시작하라. 새로운 일을 시작하는 용기 속에 당신의 천재성과 능력과 기질이 모두 들어 있다.

– 괴테

그냥 평소처럼 말했을 뿐인데

'소리 지르지 않기' 성공 경험을 바탕으로 '세상을 바꾸는 말투 프로 젝트' 계획을 세웠다. 이 계획을 세우면서 나는 한 가지 원칙을 세웠다. 따로 시간을 내려고 하지 말고 생활 속에서 바로 연습하자!

말투를 바꾸기 위해 별도의 시간을 내기란 어렵다. 매일 반복되는 하루 일정을 상황별로 쪼개면 얼마든지 실전 연습이 가능하다. 장소 를 옮길 때마다, 만나는 사람이 바뀔 때마다 새롭게 시작하는 마음을 가지면 효과적으로 몰입할 수 있고 성과도 크다.

아침 출근길 인사만으로도 작고 구체적인 실천목표를 다양하게 세 울 수 있다. 예를 들면 다음과 같다.

'엘리베이터를 기다리는 30초 동안 인사에 이어 긍정적인 질문을 한다.'

'출근길 처음 만나는 사람과 인사하며 날씨에 관해 이야기한다.'

'상대가 인지할 수 있도록 환하게 웃으며 인사한다.'

인사 말투만 바꿔도 상대가 친근한 감정을 느낄 수 있다. 현관문을 열면서 하루에 한 가지씩 목표를 세우고 도전해보기로 했다. 다음은 내가 말투를 바꾸기 위해 세웠던 목표다.

나의 말투 바꾸기 목표(시간순)

기상, 아침 식사

긍정의 기도로 하루를 시작한다.
'고마워, 행복해, 감사해, 사랑해' 인사법으로 딸을 깨운다.

인사

축복기도와 긍정의 말투를 사용한다.
경비 아저씨께 매일 다른 인사를 건넨다.
엘리베이터에서 만나는 사람과 간단한 이야기를 주고받는다.
옷차림, 헤어스타일 등 상대방의 변화를 알아차리고 칭찬한다.

출퇴근 (운전)

혼자만의 공간에서는 발성, 말의 속도, 발음 연습을 한다.
입 꼬리를 올리며 미소 짓는 연습을 한다.

업무보고 (상급자)

결론을 먼저 말한다.
말의 속도를 조절해서 중요한 포인트를 강조한다.
적시 적절한 보고로 상급자가 존중받는다는 느낌을 받게 한다.

회의

두괄식으로 이야기한다.
말꼬리를 흐리지 않는다.
숫자를 넣어 이야기하여 설득력을 높인다.
'하지만' 대신 '그리고'로 바꾸어 말하여 긍정의 이미지를 전달한다.
상대방을 배려하여 단어를 선택한다.
경청을 통해 핵심적인 질문을 던진다.

지시, 협조

감사 인사, 칭찬을 먼저 한다.
기한을 정확하게 알려준다.
부탁하게 된 배경, 목적 등을 명확히 설명한다.
두세 가지 제안하여 스스로 선택하게 한다.

그냥 평소처럼 말했을 뿐인데

거절하기

샌드위치 화법을 사용하여 거절한다.
거절할 때는 제안도 같이 제시한다.
거절할 때는 미안한 표정을 짓는다.

전화

본론에 앞서 간단한 인사를 먼저 한다.

점심시간

잡담 속에서 상대에 대한 정보를 얻는다.
새로운 화제를 이야기한다.
험담하지 않는다. 험담이 시작되면 칭찬으로 중단시킨다.

퇴근 인사

성과에 대해 칭찬한다.
도움 받았던 일을 구체적으로 언급하여 감사한 마음을 전달한다.
여운을 남기는 인사를 한다.

자녀와의
대화

분위기 메이커가 된다.
아이들의 이야기에 경청하고 맞장구치며 칭찬한다.
하루 1개 이상의 주제를 정해 1-1-3-1 화법으로 이야기한다.
자주 갈등이 생기는 문제는 가족회의를 통해 규칙을 정한다.
꿈과 미래를 주제로 이야기한다.
동화책을 읽어줄 때는 입을 크게 벌려 발음을 정확히 한다.

목욕, 산책

복식 호흡을 한다.
긍정의 말투로 자신에게 말을 건다.

부부간의
대화

부탁하기 전에 먼저 칭찬한다.
맞장구치며 경청한다.
잘못한 행동은 바로 사과한다.

말투를 바꾸는 것은 아주 어려운 것은 아니다. 그렇다고 간단한 문제도 아니다. 누구나 할 수 있지만 아무나 할 수 없는 도전이다. 자신만 변하면 되는 간단한 문제임에도 마음먹는다고 해서 모두가 성공하는 것도 아니다. 오히려 성공보다 실패 확률이 높다. 스스로 합리화하며 시작조차 엄두를 못 내는 사람들도 많다.

낯선 사람과 어색하지 않게 대화 나누기란 어렵다. 뜻하지 않은 갈등이 생기면 온종일 생각에 묶인 것도 모자라 잠 못 이룬다. 입이 안 떨어져 생각을 표현하지 못하기도 한다. '원만한 대인관계를 맺고 싶다', '호감 가는 사람이 되고 싶다'고 누구나 소망한다. 막연한 생각만으로는 말투를 바꾸기 어렵다. 몇 해째 거듭해서 '하고 싶다'라고 마음만 품었다면 이제는 방법을 바꿔야 한다.

목표를 '도전적으로' 잡지 말고, 최대한 시시해 보이고, 하찮게 보일 만큼 자잘하게 쪼갠다. 말투에 대한 목표는 작고 구체적일수록 성공 확률이 높다.

장황하고 추상적인 목표를 버리고, 간결하고 구체적이고 달성 가능한 목표로 세분화해보자. '100% 성공하는 설계도'를 그리자. '성공'이라는 꿈을 실현(건축물을 완성)하기 위해 '성공한 사람들'이 사용하는 말투(설계도)를 따라해(그려) 보자. 내 삶의 현장으로 가져와서 일상에서 만나는 사람과 장소, 상황에 맞게 실전으로 연습하자. 무의식중에도 자연스럽게 말할 수 있도록 반복하자. 말투는 습관이다. 변화된 말

그냥 평소처럼 말했을 뿐인데

투는 몸이 기억하고 마침내 인생을 바꾼다.

시작하게 하는 것은 동기이고, 지속하게 하는 것은 습관이다

(Motivation gets you going and habit gets you there.).

– 지그 지글러(Zig Ziglar)

'나는 오늘부터 말투를 바꿀 거야.'
공개선언으로 조력자를 구한다

2017년 12월 한해를 정리하고 새해를 준비하면서 변화된 삶을 살고 싶었다. '2018년 책의 해'를 맞이해 책을 가까이하는 삶을 실천해 보기로 했다. 사무실 후배에게 인스타그램 사용법을 배워 '100일 프로젝트'를 출범했다. 중도에 포기하기 싫어서 후배에게 나의 목표를 공개선언 했다.

"하늘아, 100일 후에 어떤 기적이 일어날지 기대하렴."

하루 한 가지 나만의 스토리텔링 에피소드를 기록했다. 매일 반복되는 일과 속에서 새로운 에피소드를 찾는 건 쉽지 않았다. 한 줄이라도

그냥 평소처럼 말했을 뿐인데

적으려면 책을 펼쳐야 했다. 책을 읽으며 자연스레 내면의 목소리에 귀 기울였다. 무엇을 좋아하고, 언제 행복해하는지 알게 되었다. 공개 선언 이후로 조용히 '좋아요'를 남기는 후배가 있었기에 포기할 수 없었다. 덕분에 100일의 약속을 지켰고 책과도 가까워졌다. 성공이다. 인스타그램을 통해 다섯 분의 작가님을 만나는 엄청난 기적도 일어났다.

책과 사람을 좋아하는 직원들이 '좋은 병원 만들기'를 위해 뭉쳤다. 입원환자들과 직원들의 안식처 작은도서관은 그렇게 탄생했다. 도서관 이름은 '북을북을'. 책(book)을 사랑하는 사람들이 책(book)을 통해 소통하는 공간'이라는 뜻이다. 개관 100일 기념행사에는 행동심리학자 이민규 교수님을 초청해 특강을 부탁했다. 〈끌리는 사람은 1%가 다르다〉, 〈실행이 답이다〉, 〈표현해야 사랑이다〉 등을 집필한 200만 부 베스트셀러 작가답게 인생 혁명에 대한 작은 동기부여를 주셨다. 강의가 끝나고 나는 다시 목표를 세웠다. '가족에게 짜증 내지 않기', '버럭 화내지 않기', '남편에게 상냥하게 대하기' 등 소소한 목표로 시작하는 말투 바꾸기 21일 프로젝트였다. 역시 가족과 사무실 동료들에게 공개선언을 했다. 아직 완벽한 목표 달성을 말하기는 힘들지만 그렇다고 포기하지도 않았다.

한 번 실패했더라도 중단 없이 나아가기를 계속하는 사람은 자신의
희망을 달성할 수 있다.
한 번에 일이 잘되는 경우는 흔하지 않다. 다만 줄기차게 노력하는
사람에게는 성공이 따르는 법이니 꾸준히 노력하라.

- 윌리엄 폭스

마음을 단단히 먹거나 관련 지식이 있다고 모든 계획이 다 달성되
는 건 아니다. 나는 21일 프로젝트 기간 작심삼일을 반복하며 마음을
다잡았다. 포기하지 않고, 가족과 만나는 모든 순간 노력하면서 21주
를 지내왔다. 그리고 지금 말의 힘을 체감하고 출간을 꿈꾸며 글을 쓰
고 있다. 말투를 완벽하게 바꾸었기에 쓰는 글이 아니다. 글은 말투를
바꾸기 위한 또 하나의 노력이자 간절함이다. 이번에도 공개선언 하며
목표를 확고히 하고 물러서지 않는다.

이민규 교수가 〈실행이 답이다〉에서 소개하는 공개선언 방법을 따
라 해보자. 조력자를 구하면 말투를 바꾸는 데 성공할 확률이 더 높
아진다.

미국 네바다주립대학교 심리학과 스티븐 헤이스(Steven C. Hayes) 박
사는 대학생들을 세 그룹으로 나누어 목표 공개 여부에 따른 성적의
변화를 실험했다.

그냥 평소처럼 말했을 뿐인데

그룹 A : 다른 학생들 앞에서 자기가 받고 싶은 목표 점수를 공개하도록 했다.

그룹 B : 목표 점수를 마음속으로 생각하게 했다.

그룹 C : 목표 점수에 대한 어떤 요청도 하지 않았다.

결과는 어땠을까? 자신의 목표 점수를 다른 학생들 앞에서 공개했던 첫 번째 그룹은 다른 두 그룹보다 현저하게 높은 점수를 받았다. 결심을 마음속에 간직한 두 번째 그룹과 세 번째 그룹은 통계적으로 차이가 없었다. 다른 사람 앞에서 말이나 글로 자신의 생각을 공개하면 그 생각을 끝까지 고수하려는 경향을 공개선언 효과(Public Commitment Effect)라고 한다.

'자신감 없는 말투', '부정적인 말투', '화난 말투', '신경질적인 말투', '무시하는 말투', '비난하는 말투' 등 자신의 나쁜 말 습관을 찾았는가? 닮고 싶은 롤모델이 있는가? 오늘부터 바꾸겠다고 결심했는가? 미루거나 중도포기 하고 싶지 않은 간절함이 있는가? 목표를 달성하고 싶다면 5가지 방법을 따라 공개선언하자.

❶ 긍정의 에너지를 가진 사람들에게 공개선언 하라.

"정말? 대단한데!", "멋지다.", "꼭 성공할 거야.", "역시 넌 남달라."라고 피드백을 주는 사람이 필요하다. 긍정의 에너지를 가진 가족, 친구, 지인에게 먼저 공개하라. 그들이 보여주는 긍정의 피드백은 '할 수 있다.'는 자신감과 확신을 가질 수 있게 도와준다.

❷ 오랜 시간을 함께하는, 모니터링이 가능한 이들에게 공개선언 하라.

사무실 동료들은 자신이 미처 인지하지 못한 말 습관까지도 모니터링이 가능한 좋은 조력자이다. 매일 아침 출근 인사와 함께 하루 동안 자신이 중점적으로 실천할 목표를 이야기하라.

"오늘 만나는 사람들에게 한 가지씩 장점을 찾아 칭찬할 거예요."

"'하지만', '안 돼요'라는 부정적인 단어를 사용하지 않을 거예요."

"천천히 말하는 연습을 하고 있는데 제 말 속도가 빨라지면 말씀해 주시겠어요?"

자주 전화 통화하는 상대에게도 도움 받을 수 있다. 음성 통화는 표정이나 몸짓을 볼 수 없기에 목소리만으로 상대방의 기분, 감정을 포함한 정보를 읽어야 한다. 억양, 속도, 말투 등 잘못된 습관을 보다 객관적으로 모니터링 할 수 있다.

❸ 가능한 한 많은 사람에게 다양한 방법으로 공개선언 하라.

카카오톡 프로필, 이메일 끝인사, SNS 등을 이용해 보라. 말 한마디, 댓글 한마디에도 정성을 쏟게 된다. 스피치 학원에 등록하지 않아도 같은 목표를 향해 나아가는 새로운 친구를 만날 수 있다. 그 누구보다 든든한 힘이 되고 큰 도움을 주는 조력자가 된다.

❹ 왜 말투를 바꾸려고 결심했는지 에피소드도 함께 이야기하라.

"습관적으로 '죄송해요'라는 말이 먼저 나와요. 위축되지 않고 당당해지고 싶어요."

"제 신경질적인 말투로 인해 본의 아니게 남편과 말다툼이 시작됩니다. 아이가 불안해하는 것 같아 꼭 고치고 싶어요."

"에너지 넘치는 아들이 셋이다 보니 '야', '너'라고 소리치게 됩니다. 저도 우아한 말투를 쓰고 싶어요."

"큰아이가 신경 쓸 일 없게 스스로 잘 챙겼던 터라 자꾸 비교하는 말을 하게 되네요. '비교하는 말을 들을 때 슬프다'고 적힌 아이의 일기장을 보니 꼭 고쳐야겠다는 생각이 들었어요."

에피소드를 통해 정서적 공감을 한 사람들은 당신의 목표달성을 진심으로 응원하고 흔쾌히 조력자가 되어줄 것이다.

❺ 반복하고 반복해서 공개선언 하라.

반복해서 공개선언 하는 것은 에너지가 방전되기 전에 충전하는 것과 같다. 중도 포기하고 싶은 생각이 들 때마다 공개선언으로 퇴로를 차단하자. 공개선언의 횟수는 포기할 확률에 반비례한다.

말 서랍에 담긴 나쁜 말투를
미련 없이 버린다

타협 없이 주도적으로 삶의 패턴을 바꾸자 다짐하고 일찍 잠자리에 들었다. 이 늦은 시간은 아이들이 잠든 이후 유일한 나만의 시간. 보상 심리와 스트레스를 핑계로 최대한 관대하게 소모적으로 보냈던 자유 시간이었다. 그러나 이날부터는 잠에게 양보했다. 덕분에 프로젝트 첫 날답게 5시 30분 가뿐한 기상 성공. 짧은 기도를 시작으로 독서를 통한 삶의 변화를 체험하기 위해 〈청소력〉을 읽고 인스타그램에 글을 올렸다.

다음은 마쓰다 미쓰히로의 〈청소력〉이라는 책의 일부이다.

"왜 대부분의 사람이 적극적인 사고나 플러스 사고만으로는 성공하지 못하는 것일까요? 무엇 때문이라고 생각하세요?

그것은 아무리 강력한 플러스 사고를 집어넣어도 마음 깊은 곳에 그것을 지워 버리는 마이너스 에너지가 있기 때문입니다.

플러스의 밝은 면만을 보면서 나아가도, 당신의 마음 속 마이너스 에너지가 '그렇게 해서 잘 될 리가 없어'라고 그것을 지워 버리는 것입니다."

그는 청소는 마음속 마이너스 에너지를 없애는 방법이라고 소개하며 누구라도 간단한 '청소'로 인생이 바뀔 수 있다고 말한다.

좋은 말투 역시 나쁜 말투를 버리면서 시작된다. 비워야 채울 수 있듯이.

당신이 습관적으로 자주 사용하는 말이 무엇인지 잘 알고 있는가? 아침에 눈을 떠서 잠들 때까지 자신이 하는 말을 주의 깊게 들어보자. 혼잣말을 비롯해 가족, 동료, 이웃, 친구 등과의 대화 중에 빈번하게 사용한 단어를 적어보자. 자신의 애용 단어도 있지만 '내가 이렇게 자주 사용했나?'라고 의아해할 말도 있을 것이다. 가치관, 신념이 담긴 말뿐 아니라 유행어, 비속어까지 입 밖으로 내뱉은 모든 말이 모여 나를 나타낸다. 생각과 마음가짐, 태도, 지금까지 살아온 과거, 살아갈

그냥 평소처럼 말했을 뿐인데

미래의 모습까지 그 말 속에 담겨 있다.

"나의 말투에 자신 있는가?"

"나의 말투에 만족하는가?"

썩 맘에 드는 건 아니지만 큰 문제의식도 안 든다. 세 살 버릇 여든까지 간다는 속담처럼 마음먹는다고 쉽게 바뀌는 것도 아님을 안다. 부족한 부분을 반성하다가도 '이 정도면 되지 뭐.', '그래도 아무개보단 내가 낫지.' 생각하며 스스로 합리화한다. 당장 바꿔야 한다는 마음을 애써 외면한다. 변하기 위한 불편함과 수고스러움을 굳이 선택하고 싶지 않다. 이런 자신을 잘 알기에 질문을 하나 더 보탠다.

"나의 말투를 자녀에게 물려주고 싶은가?"

고개를 끄덕이지 못한다. 떨군 고개를 가로젓는다. 부끄럽다. '여태껏 이렇게 살아왔는데 이제 힘들게 바꿔야 하나?'라는 질문도 차마 할 수 없다. 소중한 자녀이기에 좋은 것, 최상의 것만 물려주고 싶다. '좋은 점만 배웠으면' 하는 얄팍한 생각도 잠시 해보지만 '바꿔야 한다'로 결론짓는다. 자녀의 미래가 달린 문제이기에 할 수만 있다면 당장 바꾸고 싶다. 나쁜 것은 배우기도 쉽고 고치기도 어렵다는 것을 너무나 잘 알기에.

청소로 주변 환경을 정리하여 인생을 바꾸듯 나쁜 말 습관을 버려서 새로운 인생을 시작해야 한다. 습관적으로 사용하는 단어 중에 마이너스 에너지를 내뿜는 것들을 골라내어 나의 인생 사전에서 과감히

삭제한다. 습관적으로 사용하던 나쁜 말 습관을 정리하면 부정적인 생각과 마음을 떨칠 수 있다. 긍정의 말투, 밝은 말투 등 나와 상대를 살리는 말만 남겨두자. 부정적인 말투, 불쾌한 말투, 상처를 입히는 말투, 비난하는 말투와는 결별하자.

이제, 미니멀 라이프를 즐길 준비가 되었는가? 간단한 말 청소를 시작해보자. 행복한 인생에 불필요한 군더더기 말을 버려야 더 많은 행복 단어로 채울 수 있다. 나쁜 말투를 버리는 것은 말의 품격을 반올림하는 첫걸음이다.

 꼭 버려야 할 말 5가지

❶ '죽겠다.'라는 부정적인 말을 버리자.

사람들은 은연중에 '죽겠다'라는 말을 자주 쓴다. "더워 죽겠다.", "추워 죽겠다.", "힘들어 죽겠다.", "졸려 죽겠다.", "배불러 죽겠다." 등등. 습관이다. 그저 힘들고 불편하니까 내뱉었던 말인데 이 말이 거꾸로 나를 감염시킨다. 과장되게 표현한 부정적인 말투를 덜어내자. '덥다.', '힘들다.', '배부르다.'라고 표현해도 충분하다. 한 걸음 더 나아가 다음처럼 긍정적 언어로 바꾸어서 표현하는 것도 좋은 방법이다.

"더워서 에어컨 온도를 좀 낮춰야겠네."

그냥 평소처럼 말했을 뿐인데

"힘든 하루였는데 그래도 잘 버텼다."

"오늘 지나치게 많이 먹었네. 앞으로는 양 조절을 잘해야지."

❷ '때문에'라고 비난하고 회피하는 말을 버리자.

원인을 내가 아닌 다른 사람에게 돌렸을 때는 해결하기 어렵다. 나의 잘못을 인정하고 내가 변하는 것이 가장 지혜로운 방법이다. '때문에'라고 비난의 화살을 보냈던 상대에게는 '덕분에'라는 감사의 인사를 전하자. 부정의 감정을 긍정으로 바꾸는 방법이다.

❸ 자기비하의 말을 버리자.

"내가 무슨……."

"내가 어떻게……."

"난 자격이 없어서……."

겸손함을 표현하기 위해 인정, 칭찬의 말을 거절하지 마라. '감사합니다.'라고 밝게 말하는 것이 상대에게 더 좋은 인상을 남길 수 있다. 더하지도, 덜하지도 말고 칭찬을 있는 그대로 받아들여 자존감을 높이자.

❹ 상처 주는 비난의 말투를 버리자.

'말이 입힌 상처는 칼이 입힌 상처보다 깊다.'라는 모로코 속담이 있다. 어떤 경우에든 상처를 주는 말은 삼가야 한다. 상처를 주는 말은 주로 강자가 약자에게 하는 경우가 많다. 부모가 자녀에게, 상사가 하급자에게 하는 경우가 그러하다. 수평관계가 아닌 수직관계처럼 힘의 불균형이 있는 경우라면 더욱 주의해야 한다.

화가 날 때 '너는'이란 말로 시작하면 자칫 공격적인 말투가 될 수 있다. 상대의 감정을 상하게 하고 방어적인 태도를 취하게 한다. 문제 해결은 더욱 어려워진다.

이때는 철저하게 나 전달법으로 말하라. 상대에게 상처를 주지 않으면서 내가 전달하고자 하는 것을 말하는 것이다. 나 전달법이란 관찰한 바를 느낌으로 말하고 상대에게 바라는 욕구와 함께 부탁의 말을 하는 것이다('나는 이렇게 느꼈어. 네가 이렇게 해주면 좋겠어.' 따위).

❺ '그런데, 하지만, 그렇지만'의 역접 접속어를 버리자.

자신의 의견에 반대하는 사람을 좋아하는 사람은 아무도 없다. 어떤 상황에도 대화를 시작하는데 부정적인 말을 사용해서는 안 된다. 상대의 말에 이어 '하지만'이나 '아니'라고 말을 받으면 상대는 불쾌감을 느낄 수 있다. '그런데' 대신 '그리고'라고 말하면 대화를 부드럽게 만들 수 있으며 자신의 의견을 밝히는데 상대의 거부감을 줄일 수 있다.

　　　　　　　　　　　　　그냥 평소처럼 말했을 뿐인데

인사가 모든 말투의
시작이다

몇 달 전 아침 출근길 차 유리창에 놓인 메모를 발견했다. 저층 세대에서 민원이 있으니 전면 주차를 부탁한다는 내용이다. 경비원 아저씨께서 손수 적으신 글이었다. 시간이 흘러 정확한 문구는 생각나지 않지만 당시 감정은 생생하다. 출근길 기분 상하지 않도록 한 글자 한 글자 눌러 쓴 정중하고 부드러운 문구에는 배려가 담겨 있었다. '왜 미처 생각하지 못했을까?'라는 부끄러움과 '꼭 신경 써야지.'라는 마음이 절로 생겼다. 그날 저녁 퇴근길 전면 주차를 하고 차에서 내리다 경비원 아저씨와 마주쳤다.

"전면 주차해 주셔서 감사합니다."

아저씨는 이렇게 인사를 건네시며 활짝 웃으셨다. 그날 경비원 아저씨께서 보여주신 밝은 표정의 인사는 접착력 뛰어난 경고 스티커보다 강력하게 다가왔다.

아이들이 '엄마, 아빠'라고 말하기 시작하면 모든 부모들이 말과 행동으로 가장 먼저 가르치는 말이 있다. '감사합니다', '안녕하세요', '고맙습니다', '사랑해요'라는 인사말이다. 말은 참 간단한데, 처음 만나는 사람의 입가에도 웃음꽃 피우게 할 만큼 힘은 세다.

"엘리베이터 앞에서 마주친 낯선 사람 A가 대학생에게 인사를 한다. A가 엘리베이터에서 내리다 쓰레기를 쏟자 대학생이 되돌아와서 쓰레기 줍는 것을 돕는다."

2017년도에 SBS에서 〈인사의 가치〉라는 제목으로 방영된 다큐멘터리의 한 장면이다. 인사 여부가 도움 행위에 미치는 영향에 대한 실험이었다. A는 제작진이고, 도움을 준 사람은 아무런 정보도 제공받지 못한 채 실험에 참가한 대학생이다. 제작진은 실험참가자들에게 시간이 없다며 서둘러야 한다고 일러둔 상태였다. 실험결과, 엘리베이터 타기 전 A와 눈인사를 했을 때는 12명 중 9명인 75퍼센트가 도움을 주었다. 반면 인사를 건네지 않은 경우, 12명 중 단 3명만 도움을 주었다.

인사는 상대를 존중하는 마음의 표현이다. 예의 바르고 밝은 표정

그냥 평소처럼 말했을 뿐인데

으로 건네는 인사는 처음 만나는 사람과도 가까워지게 만든다. 화려한 언변 없이도 진심 담긴 인사로 첫인상을 좋게 남길 수 있다. 모르는 사람과 대화를 나누는 것은 어렵다. 그래서 더욱 인사가 도움이 된다. "좋은 아침입니다.", "오늘 날씨가 참 좋네요."라고 밝은 목소리로 인사를 건네면 친밀감을 느끼게 된다. 인사는 소통의 시작이다.

마음과 마음이 통하는 순조로운 소통을 위해 당신에게 인사를 위한 세 가지 실천전략을 선사한다.

 인사 잘하기 3가지 방법

❶ 인사는 상대가 듣고 싶은 말로 하라.

국립국어원이 발표한 '2015년 국어정책통계연감'에 따르면 가정에서 가장 듣고 싶은 말은 감사와 칭찬의 말이었다. 600명의 응답자는 배우자에게는 '수고에 대한 감사(81퍼센트)'를, 부모로부터는 '노력에 대한 칭찬(52퍼센트)'을, 자녀들에게는 '수고에 대한 감사(71퍼센트)'를 가장 많이 듣고 싶어 했다.

– 국민일보, 이광형 기자, 2016년 2월 10일자

서울시여성가족재단이 서울시에 거주하는 15~64세 1,100명 대상으로 한 '서울시민 마음알기 조사결과' 발표('17.10.9.)에 따르면 듣고 싶은 말은 '사랑해(18.5퍼센트)', '수고했어(7.9퍼센트)', '잘하고 있어(7.6퍼센트)', '감사합니다(6.9퍼센트)' 등이었다.

- 서울시여성가족재단, 서울시민 마음알기 조사결과, 2017년 10월

암울한 통계자료일 수도 있다. 감사의 말을 듣고 싶다는 말은, 그만큼 가족 내부에 그런 말이 드물다는 뜻이기 때문이다. 하루의 시작과 끝을 같이하는 가족에게 밝은 인사를 건네자. '사랑합니다, 고맙습니다, 감사합니다, 노력할게요, 수고했어요, 건강하세요'라는 인사말이 오가는 가정으로 만들자.

자녀의 마음이 닫혀 있으면 부모의 이야기는 잔소리에 불과하다. 하고 싶은 이야기는 잠시 뒤로 미루자. 먼저, 부모가, 배우자가, 자녀가 듣고 싶어 하는 말로 인사하자. 마음 문을 여는 것이 먼저다.

직장 후배에겐 '잘했어.'라는 칭찬의 인사를 아끼지 말자. 타이밍 놓치지 않고 노력, 성과를 알아주는 인사말은 사기를 높여준다. 권위를 내세우거나 강하게 몰아치지 않아도 상대의 마음을 움직이는 강력한 힘이 있다.

그냥 평소처럼 말했을 뿐인데

❷ 엘리베이터에서 만나는 사람들에게 먼저 인사하라.

아침부터 저녁까지 하루에도 수차례 이용하는 엘리베이터. 그만큼 익숙하기에 평소 별 생각 없이 이용하다가도 문득 어색함을 느낀다. 낯선 사람과 좁은 공간에 함께 있어야 하는 엘리베이터 안에서는 어딘가 불편하고 부자연스럽다. 서먹한 분위기에 스마트폰을 꺼내 뉴스 기사를 검색한다. 광고모델의 대사를 다 외워버린 모니터를 멍하니 바라본다. 30초도 채 안 되는 시간이 참 길게 느껴진다.

문 열림 버튼을 누르고 기다려 준 이웃에게는 '기다려 주셔서 감사합니다.'라고 인사하라. 아이 손을 잡고 있거나 짐을 든 이웃에게 '몇 층 가세요?'라고 가볍게 말을 건네고 버튼을 눌러줘도 좋다. 고마움을 표현하고 관심과 배려가 담긴 인사가 첫걸음이다. 살짝 누른 버튼이 굳게 닫힌 엘리베이터 문을 여닫듯이 짧은 인사말이 이웃의 마음을 열어 준다.

이웃과 나눈 인사의 힘에 대해 뉴스로 보도된 울산광역시 사례가 있다. 주민센터의 제안으로 인사하기 운동이 시작되어 2천여 명의 주민들이 참여한 결과 매우 긍정적인 반응이 나왔다. 인사 운동으로 인해 아파트 층간 소음과 공동주택 문제해결에 도움이 된다고 답한 이들이 90퍼센트에 달했다고 한다(SBS 뉴스, 서윤덕 기자, 2017년 1월 17일). 평소 엘리베이터에서 간단한 안부를 물으며 인사를 주고받기만 해도 직장 동료의 호의를 받을 가능성이 커진다.

❸ 신체 언어로 반갑게 인사하자.

인사는 소통의 시작이다. 밝은 인사로 대화를 시작하라. 표정이 어둡거나 시선을 마주치지 않고 하는 인사는 성의 없이 겉으로만 하는 인사치레로 오해받을 수 있다. 먼저 밝은 표정으로 반갑게 인사하면 상대는 존중받고 있다고 느끼고 친밀감을 느껴 첫인상을 좋게 평가한다. 대상과 상황에 맞게 악수, 하이파이브, 주먹 인사 등으로 반가움과 축하, 격려의 마음을 표현하면 유대감이 깊어진다. 감사한 마음을 전할 때는 겸손하게 허리 숙여 인사하자.

겸손한 말투, 자신감 있는 말투, 밝은 말투의 시작은 인사다. 진심이 담긴 인사는 관계를 부드럽게 하는 윤활유이자 상대의 마음을 여는 열쇠다.

그냥 평소처럼 말했을 뿐인데

평생 딱 한 번뿐인
기회라는 생각으로 말한다

　아무리 타일러도 자식이 사탕을 너무 많이 먹어 속이 상한 어느 어머니가 아이를 데리고 선생을 찾아갔다. 사연을 들은 선생은 묵묵부답, 아무 말이 없더니 몇 달 뒤 다시 찾아와 달라고 부탁했다. 시간이 흐른 후 여인은 아이를 데리고 다시 선생을 찾았다. 선생은 그제야 아이를 타일렀다. "사탕을 많이 먹지 말거라. 사탕을 많이 먹으면 몸에 안 좋단다." 여인은 왜 여러 달 뒤 다시 방문을 요청했는지 이유가 궁금했다. 선생이 대답했다.

　"실은 그 당시 저도 사탕을 많이 먹고 있었습니다. 그런 제가 어떻게 사탕을 먹지 말라고 하겠습니까? 그동안 사탕을 끊었고 이젠 아이에게 사탕을 먹지 말라고 얘기할 수 있습니다."

마하트마 간디의 일화다. 그는 인도의 정신적 지도자이자 타임지가 선정한 20세기 가장 영향력 있던 인물 중 한 명이었다.

어린아이에게 사탕을 그만 먹으라고 조언하기 위해 자신의 오랜 습관까지 끊은 간디. 그는 말 한마디를 하더라도 허투루 해서는 안 된다는 생각을 가진 사람이었다. 진정성은 이렇게 진지함과 신중함에서 전달된다.

처음 만나는 사람이라도 말을 주고받다 보면 그의 됨됨이를 가늠할 수 있다. 말은 그가 살아온 인생과 인격을 나타내며 내면을 반영한다. 사용하고 있는 말투, 단어, 억양, 몸짓 언어 등이 어우러져 상대에게 하나의 이미지를 준다. 정성을 기울인 말은 '온화하다', '친절하다', '믿음직스럽다'는 좋은 인상을 남긴다. 반면 격의 없이 솔직하게 대한다는 것이 '건방지다'라는 인상을 줄 수 있으며, 바쁘거나 컨디션이 나쁠 때 오해를 불러일으키기도 한다. '쌀쌀맞다', '불친절하다'라는 인상을 심어주고 상대의 인상을 찡그리게 만들기도 한다.

구약성경 창세기에는 노아의 후손들이 바벨탑을 쌓는 사건이 기록되어 있다. 사람들은 하늘까지 닿는 거대한 탑을 지으려고 계획을 세운다. 하나의 언어를 사용하는 그들은 생각을 같이하여 힘을 모아 탑을 쌓아 올린다. 이를 막기 위해 하나님께서는 탑을 무너뜨리는 대신

그냥 평소처럼 말했을 뿐인데

그들의 언어를 혼란스럽게 하신다. 서로의 말을 알아들을 수 없게 되자 결국 탑 쌓기는 중단된다.

하나의 말 아래 사람들이 모이면 기적을 만들기도 한다. 2002년의 월드컵 4강 진출이 그러하다. 태극전사와 국민이 '꿈은 이루어진다.'라고 한목소리로 외쳤기에 가능했던 일이다.

말은 생각과 마음을 표현하는 도구다. 그러나 상대에게 마음과 생각을 전달하는 것으로 그치지 않는다. 입 밖으로 나온 말은 다시 마음과 생각에 영향을 미친다. 말은 현실을 반영하는 동시에 생각을 지배한다. 칭찬의 말, 격려의 말, 감사의 말은 긍정적인 사고로 이어지고, 질책하는 말, 비판하는 말, 화내는 말, 비난하는 말은 부정적인 사고를 낳는다.

우리나라는 '온라인 참여지수 세계 1위'를 기록할 만큼 인터넷 환경이 급속도로 발달하고 있다. 역기능 중 하나로 악성 댓글로 고통 받는 사람들이 끊이지 않고 있다. 생면부지의 사람들로부터 무차별적인 언어폭력을 받으며 괴로움을 호소하는 사람이 늘었고, 급기야 자살이라는 극단적인 선택을 하는 이들도 생겼다. 어려움에 처한 이들에게 희망과 용기를 주자는 취지에서 선한 댓글, 즉 '선플' 운동도 생겼다. 말을 통해 끌어 모은 에너지는 생명을 살리기도 하고, 죽이기도 한다. 주변에 선한 영향력을 미치는 작은 실천은 나의 말투를 살피는 일에서 시작된다.

하루는 딸이 학급 임원 선출에 출마하겠다며 공약을 준비한다. 30분 이상 썼다 지웠다 수차례 반복한다. 얼굴에는 진지하게 고민하는 표정이 역력하다. '돼도 그만, 안 돼도 그만'이 아닌 '꼭 되고 싶다'는 간절함이 느껴진다. 공약 문구에는 학급에 대한 애정이 담겨 있다. 딸을 보며 정성을 다해 말한다는 것이 무엇인지 다시 한 번 깨닫는다.

정성을 다해 말하자. 말은 행동을 변화시키고 부메랑이 되어 다시 내게 행복으로 돌아온다.

 진정성 있게 말하는 4가지 방법

❶ '평생 딱 한 번뿐인 기회'라는 생각으로 말하자.

'기회는 다시 오지 않는다, 지금 설득하지 못하면 다음 기회란 없다, 실수할 경우 만회할 기회 또한 없다, 일생일대의 소중한 만남이다'라고 생각하라. 단 한 번의 기회라고 생각하면 상대에게 어떤 이미지를 남길 것인지 고민하게 된다. 어떻게 생각을 전달할 것인지 생각하고 준비하여 정성을 기울여 말하게 된다. 달라진 태도와 말투는 좋은 결과로 이어진다.

가족, 동료들에게 하는 말에 정성을 쏟아야 한다. 가깝다고, 자주 만난다고 무신경하게 습관처럼 대해선 안 된다. 이들이 소중한 사람들이라는 것을 기억해야 한다. 내가 소중하게 대할 때 그들도 나의 말을 소중히 귀담아 들어준다.

❷ 사랑하는 마음을 갖자.

사랑하는 사람에게 대하는 태도는 분명 다르다. 사랑하는 사람에게 사용하는 언어 또한 다르다. 사랑 한 스푼 넣은 말투는 부드럽다. 사랑 두 스푼 넣은 말투는 단호하되 무시하지 않는다. 사랑 세 스푼 넣은 말투는 침묵으로 기다릴 줄 안다. 사랑하는 마음으로 말하기란, 내가 하고 싶은 대로 말하기가 아니다. 상대방이 듣고 싶어 하는 말로 말하는 것이 사랑이다.

❸ 명확하게 이야기하라.

내 생각을 말하지 않은 채 상대가 알아서 이해해 주길 바라면 갈등이 생긴다. 표현하지 않으면 모른다. 에둘러 말하거나 애매모호한 말투는 혼란스럽게 만들기도 한다. 전하고자 하는 내용이 무엇인지 쉽게 이해할 수 있어야 한다. 상대의 말로 풀어서 이야기하는 정성을 쏟아야 한다. 명확하고 단언하는 말에 담긴 힘은 상대를 설득시킬 가능성이 크다.

❹ 긍정의 말투를 사용하라.

  윽박지르는 말투, 비난의 말투, 무시하는 말투는 상대를 움츠러들게 하거나 방어적으로 만든다. 부정적인 말투는 반항심을 불러일으키고 의욕을 떨어뜨린다. 신뢰와 기대를 존중하는 말투, 칭찬하는 말투, 겸손한 말투, 용기를 북돋우는 말투로 이야기하라. 긍정의 말투는 상대의 생각과 행동을 변화시킨다.

그냥 평소처럼 말했을 뿐인데

호랑이도 제 말 하면 온단다.
행복도 마찬가지다.
행복을 부르는 아주 기초적인 말습관이 있다.

2장

행복을 부르는
5가지 말투

'덕분에'를 추가한다

"어린 시절 부모님의 이혼으로 외할머니와 함께 살았다. 초등학교 5학년 때부터는 혼자 하숙하며 살았다. 어린 시절 힘든 환경이 오히려 버팀목이 되었다. 각별한 할머니의 사랑, 주위의 좋은 사람들이 있었기에 외로움을 느끼지 않았다."

모 예능프로그램에 출연한 패션모델이자 영화배우 배정남의 이야기다.

원망과 불만의 원인이 될 수 있었던 힘들었던 과거, 어린 시절의 역경을 감사하고 고마운 추억으로 기억하는 그는 대단한 사람이다. 어

그냥 평소처럼 말했을 뿐인데

려운 환경 '덕분에' 버틸 수 있는 힘이 생겼고, 가족과 같이 따스하게 대해주는 사람들 '덕분에' 행복한 시간을 보낼 수 있었다고 그는 말한다. 구수한 사투리로 '덕분에'라는 말을 즐겨 사용하는 그의 정감 있는 말투가, 나는 그의 성공 비결이라고 믿는다.

가까운 이웃 나라 일본에도 '덕분에'라는 긍정과 겸손의 말투로 성공한 사람이 있었다.

"가난한 집안 환경 '덕분에' 어릴 때부터 힘든 일을 통해 세상을 살아가는 데 필요한 많은 경험을 쌓을 수 있었다. 약한 몸 '덕분에' 운동으로 건강을 유지할 수 있었다. 초등학교를 졸업하지 못한 '덕분에' 만나는 모든 사람을 선생으로 여기며 배우는 것을 게을리 하지 않았다."

어떻게 일본에서 최고의 부와 명예를 가질 수 있었는지 묻는 직원의 질문에 '3가지 은혜 덕분에' 성공할 수 있었다고 대답한 고 마쓰시타 고노스케 회장의 유명한 일화다. 그는 파나소닉의 창립자이자 '일본 3대 경영의 신'으로 불리며 존경을 받는 인물이다. '덕분에'라는 말을 통해 그가 살아온 태도를 엿볼 수 있다.

환경을 받아들이는 태도, 자신이 처한 상황을 바라보는 관점에 따라 결과는 다르게 나타난다. 주어진 환경이 아무리 열악할지라도 '덕분에'라는 긍정의 말투를 사용하자. 걸림돌을 디딤돌로 바꿔주는 기적을 만들 것이다.

"(수능시험 날이라 10시까지 출근이라는 걸) 깜박 잊고 평소처럼 나왔지 뭐예요. 경찰 아저씨들을 발견한 덕분에 돌아가 딸아이를 데려다주고 기분 좋게 출근했네요. 일찍 온 덕분에 여유가 생겨 출근 길 만난 동료를 도울 수 있어 즐거웠답니다."

웃는 얼굴로 아침 출근길의 에피소드를 이야기하는 사무실 동료를 보고 있노라니 평소와 다른 생동감을 느낄 수 있었다.

반면 같은 상황을 '덕분에'가 아닌 '때문에'로 표현했다면 하루를 시작하는 마음가짐은 부정적인 기운이 지배했을 것이다.

"어제 퇴근하면서도 생각했었는데……. 건망증 때문에 아침에 깜박 잊고 일찍 나왔다가 집에 다시 갔다 왔지 뭐예요. 아직 감기 기운이 남아 있어 아침에 좀 더 쉴 수 있었으면 좋았으련만 괜히 아침에 헛걸음했네요. 평소보다 1시간 늦게 출근했는데도 여전히 피곤하네요."

: 긍정과 부정의 황금비율 :

노스캐롤라이나대학교의 바버라 프레드릭슨(Barbara Fredrickson) 심리학과 교수는 그의 저서 〈긍정의 발견〉에서 '번영의 황금비율'을 소개한다. 그는 실험을 통해, 부유한 사람들은 긍정적인 태도와 부정적인 태도 비율이 3 대 1 이상인 반면 평범한 사람들은 2 대 1 또는 1 대 1 수준에 그친다는 것을 밝혔다.

그냥 평소처럼 말했을 뿐인데

부정적인 정서를 한 번 경험할 경우 적어도 세 번 이상의 긍정적 정서를 경험하도록 노력하자. 습관적으로 긍정의 말투를 사용하자.

"너 때문에 엄마 출근 늦겠다. 걸어가!"

"하은이가 걸어서 등교하는 덕분에 제시간에 출근할 수 있겠네. 고마워."

늑장 부리는 아이들과 분초를 다투는 아침, 즐겨 사용하던 '때문에'를 '덕분에'로 바꿔 말하니 집안 공기가 다르다. 두 상황 모두 학교 앞까지 데려다주지 못하는 건 똑같다. '덕분에'라고 말을 건네자 딸아이는 공손하게 인사하고 발걸음 가볍게 나선다. '어젯밤 늦게 잤기 때문에', '깨워도 제때 일어나지 않았기 때문에', '미리 책가방을 챙기지 않았기 때문에'라고 잔소리를 늘어놓다 결국 언성 높일 이유가 없어졌다.

원인이나 까닭을 뜻하는 '때문'이라는 말은 논리적인 것처럼 들릴지 모르나 원인을 자신이 아닌 타인에게서 찾게 되는 경우가 대다수다. 습관적으로 '때문'이라고 핑계 대는 말투를 사용하고 있다면 의식적으로 '덕분에'로 바꿔 말하자. 타인에 대한 비난의 말투를 감사와 겸손의 말투로 갈아입히자.

지금 처한 상황이 순식간에 바뀌기란 쉽지 않다. 그러나 불가능하지도 않다. 나의 관점을 바꾸면 된다. 당연하다고 여기던 것들에 대해 '감사하다', '덕분이다'라고 말하는 사람이 되자. '하필', '왜', '어떻게',

'때문에'라고 말하고 싶은 상황에서도 '덕분에'라고 말하는 습관을 지닌 사람의 미래는 다르다.

구약성경에 요셉이라는 인물이 있다. 시기하는 형들 때문에 이집트에 노예로 팔려가 억울한 누명으로 감옥에 갇히기도 하였으나 끝내 총리의 자리에 오른다. 큰 흉년이 들어 곡식을 사러 온 형들을 알아본 그는 형들 '때문에' 힘든 삶을 살았노라 원망하지 않는다. 오히려 흉년에 우리의 생명을 구원하시려고 하나님께서 자신을 형제들보다 먼저 이집트에 보내신 것이라 말하며 용서한다.

계획대로 순조롭게 일이 잘 풀리기를 바란다면 주변 사람들에게 겸손한 마음으로 '덕분에'라고 인사하자. 하는 일마다 놀라운 성과를 내고 싶다면 '덕분에'라고 긍정의 메시지를 담아 말하자. 아무리 어려운 상황일지라도 분명 지금 심은 '덕분에'라는 말씨의 덕을 톡톡히 볼 날이 올 테니까.

그냥 평소처럼 말했을 뿐인데

몸으로 말한다

"당신은 사랑받기 위해 태어난 사람 당신의 삶 속에서 그 사랑 받고 있지요."

종교와 상관없이 대한민국 국민의 폭넓은 사랑을 받았던 CCM (Contemporary Christian Music) 곡이다. 교회에서는 환영하거나 축복하는 목적으로 많이들 부른다. 대상자를 향해 자연스럽게 몸의 방향을 틀고, 두 손바닥은 위로 향하게 하여 앞으로 뻗은 자세를 취한다. 온화한 표정과 미소를 띠며 눈을 맞춘다. '사랑받기 위해 태어난 소중한 사람'이라는 노랫말에 맞춰 부드러운 몸짓으로 따스함을 주고받는다.

아들이 여섯 살이었을 때 엄마를 코끼리에 비유했다. 몸짓으로 말을 하기 때문이란다. 메라비언 법칙을 배우지 않은 어린아이도 경험 속에서 스스로 깨달아 아는 것이다.

메라비언 법칙은 미국의 UCLA대학 심리학 교수 앨버트 메라비언(Albert Mehrabian)이 지은 책 〈Silent messages〉에서 유래한다. 한 사람이 상대로부터 받는 이미지는 시각(표정, 시선, 몸짓, 겉모습, 인상 등) 55퍼센트, 청각(음성, 목소리 톤, 발음 등) 38퍼센트, 언어 7퍼센트에 의해 결정된다는 내용이다. 처음 만나는 상대에게 호감을 얻기 위해서는 93퍼센트에 달하는 비언어적인 정보를 부드럽게 전달해야 한다.

'머리 어깨 무릎 발' 동요를 떠올리면서 좋은 인상을 주는 신체 언어를 배워보자.

 행복을 부르는 신체 언어 7가지

❶ 눈으로 웃는다.

사람은 약 35개의 얼굴 근육을 이용해 300~10,000개의 표정을 지을 수 있다. 웃을 때는 얼굴의 중심에 위치한 볼 부위의 약 15개의 근육을 사용한다. 진심이 담긴 미소는 입 꼬리가 올라감과 동시에 눈가

그냥 평소처럼 말했을 뿐인데

에 주름이 생긴다. 살짝 올린 입 꼬리는 부드러운 인상을 주고 자신은 물론 상대에게도 마음의 여유와 편안함을 준다. 우리가 흔히 '거짓 미소'라고 표현하는 인위적인 미소는 입 꼬리만 올라가고 눈주름이 생기지 않는 경우를 말한다. '거짓 미소'는 상대도 쉽게 알아차릴 수 있고 신뢰감을 깨뜨릴 수 있기에 조심해야 한다.

'얼굴에 미소가 없는 사람은 상점을 열어서는 안 된다.'라는 중국 속담이 있다. 미소는 사람의 마음을 움직이게 하는 묘약이다. 평소 거울과 사진을 보며 자연스러운 미소를 연습하자. 자주 사용하지 않는 근육은 퇴화된다.

❷ 부담 없이 눈을 맞춘다.

상대가 편안함을 느끼게 하는 데 시선 처리 또한 중요하다. 마주한 상대에게 시선을 집중하되 이로 인해 상대가 부담을 느끼면 안 된다. 부드럽고 친근한 느낌을 주기 위해서는 마주 보는 동안 '눈 맞춤을 통한 시선 교환'에 50~70퍼센트 할애하라. 나머지 시간 동안 코, 입, 턱을 번갈아 바라보면 상대는 부담을 덜고 친밀감을 느낀다. 다수의 청중 앞에 섰을 때 시선이 마주친다면 '짧은 한 문장'을 말하는 정도인 5초 내외로 머물러라. 안정된 눈빛을 교환하고 시선을 옮겨야 신뢰감을 줄 수 있다.

❸ 머리로 공감을 표현한다.

공감, 동의를 의미하는 고개 끄덕임은 말하는 사람에게 긍정의 에너지를 불어 넣어준다. 이야기에 흥미를 느끼고 있다는 배려의 표현이다.

1~3번까지 함께하는 게 중요하다. 즉 미소 띤 밝은 표정으로 상대를 바라보며 고개 끄덕인다.

❹ 어깨를 활짝 편다.

어깨를 펴고 허리를 세운 자세는 자신감을 심어준다. 움츠린 어깨는 자신감 없는 사람으로 비춰진다. 내향적이고 부끄러움을 많이 타는 아들은 환경이 바뀔 때마다 자세와 목소리 크기가 달라진다. 습관적으로 어깨를 늘어뜨리고 고개를 옆으로 기운다. 덩달아 작아진 목소리에 자신감 없는 모습을 여실히 드러낸다. 태권도 도복으로 갈아입으면 신기하게도 어깨가 펴진다. 수련 자세를 갖추며 마법처럼 우렁찬 목소리로 기합 소리를 낸다.

사회심리학자이자 하버드 경영대학원 에이미 커디(Amy Cuddy) 교수는 2012년 테드(TED Talk) 강연에서 자세를 조금만 조정한다면 훨씬 더 나은 인생이 펼쳐질 수도 있다고 말했다. 자세가 마음을 바꾸고 마음은 행동을 바꾸어 다른 결과를 가져오게 된다는 내용이다(www.ted.com, 'Amy Cuddy'로 검색 'your body language may shape who you are'). 그녀는 책 〈프레즌스(Presence)〉에서 신체 언어가 타인은 물론 자신의 인식까지 바꿀 수 있음을 설명한다. 어깨를 활짝 펴고 허리를 세우는 자세를 취하면 분비되는 호르몬에도 변화가 생긴다. 남성호르몬이라 불리는 테스토스테론이 늘어나 자신감을 높여주는 동시에, 스트레스를 유발하는 코르티솔은 줄어든다.

❺ 손바닥을 위로 향한다.

발표를 할 때 손바닥을 위로 향하면 긍정적인 효과를 얻을 수 있다. 손바닥의 방향과 학습자들의 반응에 대한 실험결과가 있다. 강사가 똑같은 내용을 이야기해도 손바닥이 향하는 방향에 따라 평가가 달라진다. 손바닥을 아래로 향했을 경우 긍정적으로 평가한 학습자는 54퍼센트 수준에 그쳤다. 반면 손바닥을 위로 향하자 학습자의 84퍼센트가 긍정적으로 평가했다. '당신을 환영한다, 받아들인다'라는 의미가 전달되어 편안한 분위기를 만든다.

'세상의 프레젠테이션은 스티스 잡스 전과 그 후로 나뉜다.'는 말이 있다. 청중을 사로잡는 기술이 뛰어났던 그 역시 '손바닥 펴 보이기'를 이용한 신뢰감 쌓는 신체 언어를 즐겨 사용했다. 커뮤니케이션 전문가인 카마일 갈로는 〈스티브 잡스 프레젠테이션의 비밀〉에서 말한다, 스티브 잡스의 자연스러운 화법과 유머는 물론 신체 언어 또한 지독한 연습의 결과라고.

4~5번을 함께한다. 즉 어깨는 활짝 펴고 손바닥이 위로 향하게 팔을 뻗어라.

❻ 상체를 앞으로 기울여 경청한다.

상체를 앞으로 기울이는 것은, 상대의 이야기에 관심이 있다는 뜻을 자신 있게 표현하는 방법이다. 당신이 보여준 경청하는 자세에 힘입어 상대는 더 열정적으로 말할 것이다.

❼ 다리(무릎, 발)로 호감을 표현한다.

행동심리학 전문가들은 신체 중 가장 솔직하게 감정을 표현하는 부분이 다리라고 이야기한다. 좋지 않은 감정을 느끼는 상대 옆에선 무의식적으로 다리를 꼬며 폐쇄적인 자세를 갖추게 된다. 상대와의 무릎 사이의 거리와 무릎이 가리키는 방향만 보고도 친밀 정도를 가늠할 수 있다. 호감을 느끼는 상대에게는 무릎을 향하기 마련이다. 주의해야 할 자세가 있다. 무릎에 너무 신경을 쓰다가 뒤로 기대앉을지도 모른다. 이 자세를 취하면 무릎이 앞으로 나가는데 자칫 상대의 이야기에 관심이 없는 것으로 느껴질 수 있다. 한편 마주한 상대의 동작을 따라 다리를 꼬는 건 관심이 있다는 것을 전달하는 신체 언어이다. 다만 습관적으로 꼬는 자세는 주의해야 한다. 건강에도 좋지 않을뿐더러 폐쇄적이고 거만한 이미지를 전달할 수 있다. 심사위원 앞에서 다

그냥 평소처럼 말했을 뿐인데

리를 꼬는 면접자는 없다. 양쪽 발을 균일하게 무게를 싣고 가지런히 놓은 자세에서 자신감과 열린 마음이 전달된다.

마지막으로 영화, 연극, 드라마를 볼 때 배우의 신체 언어에 관심을 기울이면 도움이 된다. 말없이도 몸짓 언어로 능숙하게 호흡하는 배우들을 만날 수 있다.

잡담을
놓치지 않는다

　가정에서 직장으로, 직장에서 가정으로 이동하는 출퇴근 시간을 이용해 이모와 통화한다. 고작 십 여분 되는 짧은 시간이지만 빠뜨리지 않으려 챙기는 일과 중 하나다. 특별한 용건이 있어서가 아니다. 어떤 말이라도 맘 편하게 툭 터놓고 얘기할 수 있고, 유쾌하게 웃는 사이 스트레스가 풀리고 재충전이 되기 때문이다. '무슨 말을 해야 하나?'라고 먼저 생각하고 전화한 경우는 한 번도 없다.

　잡담이란 그렇다. 신기하게도 자주 이야기하는 사람과는 이야기 소재가 끊이질 않는다. 시간이 부족해 못다 한 말은 있어도 할 말이 없어

　　　　　　　　　　　　　　　　그냥 평소처럼 말했을 뿐인데

침묵한 경우는 좀처럼 없다. 설사 이야기가 도중에 끊긴다거나 길어져도 문제 되지 않는다. 치열하게 고민하고 상대를 설득해야 하거나 논쟁에 이기려고 신경을 곤두세우지 않아도 된다. 상대가 듣고 싶은 말과 함께 나의 이야기를 하고, 상대의 이야기를 듣는 가운데 소소한 행복을 누리는 것으로 족하다. 일상의 가벼운 소재로 유쾌한 잡담을 나누며 당연하다 생각하며 놓쳤던 행복을 찾는다. 엄마, 아내, 딸, 며느리의 다양한 역할을 지치지 않고, 잘 해낼 수 있도록 격려를 주고받는다.

오늘 아침 있었던 일이다.

"넌 어쩜 그걸 다 기억하고 있니? 머리 좋은 너라 한 번 얘기한 걸 잊어버리지도 않는구나."

"이모가 한 말은 쏙쏙 들어와 기억하다 보니 정작 다른 중요한 건 기억을 못해요."

(웃음)

나이 마흔이 넘은 조카에게 '기억력 좋다'라는 칭찬은 당신의 이야기를 허투루 듣지 않고 기억하고 있어 '고맙다, 기분 좋다'라는 간접 표현이다. 잡담은 일방적으로 전문지식을 전달하는 강의와 달리 조금만 집중하면 기억하기 쉽다. 애써 노력하지 않아도 저절로 기억되는 경우도 허다하다. 흥미롭거나 관심 있는 주제, 재미있게 듣고 맞장구치며 나눈 잡담은 오래 기억된다.

잡담의 사전적 의미는 '쓸데없이 지껄이는 말'이지만 모든 잡담이 쓸데없는 건 아니다. 잡담은 낯선 사람에게 친근함을 느끼거나 동료, 이웃들과 유대감을 형성하고 소속감을 키우는 데 도움 된다. 상대방에 대한 경계를 열린 마음으로, 상하 위계질서로 불통인 관계를 수평적 소통으로 만들어주는 순기능이 있다.

인간은 정보와 감정을 교환하고 도움을 주고받으며 행복을 느끼는 사회적 동물이다. 문제를 해결하고 정보를 교환하는 것 외에도 감정을 표현하고 공감이 필요할 때 잡담을 하게 된다. 잡담은 경직된 사고를 깨는 데 유용한 아이스브레이킹 수단이 되기도 하며 기발하고 창의적인 생각을 낚아 올리는 낚싯대가 되기도 한다.

마음에 맞지 않는 상대, 관심 없는 주제에 대해 잡담을 나누는 것은 분명 시간 낭비라 생각되고 불필요한 감정노동이 될 수 있다. 이 또한 마음먹기 나름이다. '피할 수 없으면 즐겨라'는 문장은, 미국의 심장전문의 로버트 엘리엇(Robert Eliot)의 저서 〈스트레스에서 건강으로〉에 소개되어 잘 알려진 명언이다. 피할 수 없는 잡담을 즐기는 방법은 관점을 바꾸는 것이다.

그냥 평소처럼 말했을 뿐인데

❶ 잡담에도 목표를 세우면 즐길 수 있다.

목표가 명확하면 태도가 바뀐다. '상대에게 친근한 이미지를 주고 싶다', '상심한 동료를 위로하겠다', '가족과 갈등으로 힘들어하는 친구가 속 시원히 얘기할 수 있도록 들어주겠다'라고 생각하면 잡담을 듣는 자세와 반응이 달라진다. 시큰둥한 태도가 아닌 관심 가지고 귀 기울여 들으려 반짝이는 눈빛은 반드시 긍정적 에너지로 돌아온다.

상대의 말을 놓치지 않고 잘 듣는 방법, 잘 듣고 있음을 전달하고 내용과 속도를 조절하는 방법은 '맞장구'이다. 상대의 말을 끊지 않으면서 맞장구만으로도 내가 좀 더 알고 싶은 내용은 더 상세히, 관심 없는 부분은 건너뛰게 할 수 있다.

잡담 중에 롤모델을 만나는 건 덤이다. 상황에 맞게 자연스러운 유머를 구사하고 즐겁게 분위기를 이끌어가는 사람을 만나면 그들이 사용하는 몸짓, 표정, 단어, 억양 등을 따라 해본다. 상대의 말투를 따라 함으로써 친근감을 전달할 수 있고 다양한 말투를 배우는 기회가 된다.

❷ 모든 참여자가 주인공이라고 느끼는 잡담 자리를 만든다.

세 명 이상이 모여 잡담을 할 때 모든 사람이 참여할 수 있도록 기회

배분에 신경 쓴다. 참여하지 못한 사람은 소외감을 느낄 수 있다. 재미있고 유창하게 말하는 사람의 이야기를 듣는 일은 그 자체로 즐겁다. 그러나 사람은 자기 이야기를 할 때 가장 큰 즐거움을 느낀다. 말수가 적고 순발력이 부족한 사람에게는 분위기가 고조되었을 때 자연스럽게 '인디언의 스틱(* 인디언 사회는 회의를 진행할 때 발언자에게 지팡이를 준다. 이 지팡이를 들고 있는 사람만 말할 수 있으며, 나머지는 듣고 있어야 한다.)'을 전달해주듯 멍석을 깔아준다.

❸ 존재감 있는 잡담은 경쟁력이다.

'잡담을 많이 나누는 것이 경쟁력이다.' 이 말은 '우아한 형제들'의 일 잘하는 방법 중 하나다.

'우아한 형제들'은 2010년 '배달의 민족'을 론칭해 한국 스타트업계 본보기가 된 회사로 수평적 업무협조를 통해 최대한 시너지를 이끌어 낸다고 평가받고 있다(서울경제, 서일범 기자, 2017년 1월 16일).

회사에서 상사가 만들어준 잡담의 자리는 결코 사소한 자리가 아니다. 회의 전후 짧게 나누거나 점심시간 직장 상사나 동료들과 나누는 잡담 속에 자신의 존재감을 담아서 이야기하라. 우연한 만남 속에서 시작된 잡담은 마음을 열고 결정적인 대화를 이끄는 지렛대가 되며 평가의 자리가 됨을 기억하라.

"아끼자는 말이 아닙니다. 꼭 필요한 만큼만 쓰자는 것입니다."라는

그냥 평소처럼 말했을 뿐인데

환경포스터 문구처럼 지혜롭게 잡담하는 사람이 대인관계도 원만하다. 때론 에피타이저, 디저트와 같은 사소한 잡담 속에서 개인의 가치를 거부감 없이 홍보하는 절호의 기회로 만들자.

카피라이터처럼
깊이 생각하고 짧게 말한다

"국민이 모르는 정책은 없는 것과 같다."

전직 대통령을 비롯해 전·현직 장관 및 대변인이 자주 사용하는 문구다. 정책 수립만큼이나 국민과의 소통 또한 중요함을 일깨워주는 말이다. 정책의 실효성을 높이기 위해 수혜자인 국민이 잘 이해하고 공감할 수 있는 홍보가 필요하다. 경제부총리 겸 기획재정부 장관이 카피라이터 출신 교수를 정책보좌관으로 영입하고자 했던 것도 같은 맥락이 아닐까?

2008년 국민대학교 고한준 교수 등은 〈소비자 개인별 일일 광고 노

　　　　　　　　　　　　그냥 평소처럼 말했을 뿐인데

출량에 관한 연구〉 논문에서, 소비자는 하루 평균 193.1개의 광고에 노출된다고 발표했다. 개인별 차이는 있겠지만 우리는 광고의 홍수 속에서 살고 있다. 카피라이터들이 창조한 언어에 설득당한 우리는 스스로 선택한 것이라 착각하며 살고 있다.

몇 차례 듣지도 않았는데 수십 년이 지나도록 생생히 기억나는 광고 문구가 있다. 그 때문일까? 필요하다고 생각지 않았던 제품을 구매하고 있는 나 자신을 발견한다. 정책을 알리고 국민으로부터 공감을 얻거나 소비자의 구매 의욕을 불러일으키기 위해서는 직관적이고 이해하기 쉽게 전달되어야 한다. 사람들은 복잡하고 어려우면 애써 들으려 노력하지 않는다. 단순한 메시지 속에 설득력이 있다. 카피라이터처럼 치열하게 고민하여 아이디어를 떠올리고, 불필요한 거품을 걷어내고 핵심을 간략히 말해야 한다. 생각의 깊이가 깊고 말이 짧을수록 힘이 커진다.

과도한 수식어, 불필요한 조사와 어미를 뺀 간결한 표현이 마음을 움직인다. 드라마 〈파리의 연인〉의 "내 안에 너 있다", "이 남자가 내 남자다, 왜 말을 못 해!"와 같이 많은 사람에게 감동을 주고 오래도록 기억되는 명대사는 대개 쉽고 짧은 문장으로 이루어진다.

직장에서도 마찬가지다. 상사의 마음을 얻기 위해서는 강렬하게 전달해야 한다. 청산유수 같은 말솜씨보다 중요한 것은 짧고 쉽게 말하는 능력이다. 자신의 기획안을 한 문장, 한 단어로 표현할 수 있는가?

듣는 상사가 바로 머릿속에 그림 그릴 수 있도록 감각적이고 직관적으로 표현할 수 있는가? 자신이 하고 싶은 말을 막힘없이 하는 사람보다는 상대가 듣고 싶은 말로 표현할 줄 아는 사람의 말이 더 설득력이 높다.

상대방이 자신의 말에 귀 기울이고 응시하게 만들고자 한다면 다음과 같이 카피라이터처럼 전달해 보자.

 카피라이터처럼 말하는 5가지 방법

❶ 쉬운 말을 쓴다.

상대가 이해하지 못하는 어려운 용어나 긴 문장은 집중력을 흐트러뜨린다. 상대방이 자주 사용하거나 관심을 불러일으킬 수 있는 용어로 표현하라.

"위대한 연설가들이 공통으로 지킨 원칙을 정리한 말이 있다. 그것은 'KISS'이다. 이는 'Keep It Simple, Stupid(단순하게 그리고 머리 나쁜 사람도 알아듣게 하라)'라는 말을 축약한 것이다." 토크쇼의 제왕 래리 킹(Lary King)의 말이다.

❷ 감성 언어로 말한다.

인상 깊게 보았던 유튜브 영상이 있다. 영상에는 '저는 시각장애인입니다. 제발 도와주세요(I'm blind. Please help!)'라는 문구가 적힌 푯말을 두고 구걸하는 시각장애인이 등장한다. 그 여인도 그냥 지나치려다가 앞에 놓인 빈 깡통을 보았다. 그녀는 푯말 메시지를 수정했다. 이후 길을 가던 사람들이 하나둘씩 빈 깡통에 돈을 채워 넣기 시작했다. 수정된 메시지는 다음과 같았다. "아름다운 날입니다. 그리고 저는 그걸 볼 수 없네요.(It's a beautiful day and I can't see it.)" (유튜브, '아름다운 여인과 장님')

지나가는 사람들이 발걸음을 멈추고 지갑을 열게 만든 것은 감성 언어로 적은 한 줄 문구였다. 같은 뜻의 문장을 색다르게 표현할 수 있는 연습이 필요하다.

"자연을 샀습니다. 부러움을 샀습니다." (○○아파트)

"행복을 이어주는 사람들" (한국○○공사)

"부모님의 끝없는 마음을 헤아리는 ○○○○병원이 되겠습니다." (○○병원)

"경찰차 타지 말고, 가을을 타세요." (○○경찰청)

❸ 간결하게 말한다.

광고를 보기 위해 별도의 시간을 할애하여 텔레비전을 켜거나 신문을 펼치는 사람은 적다. 기회는 순간이다. 한 줄의 문구, 15초간의 영상이 소비자를 매료시킨다. 이를 위해 카피라이터는 글을 썼다 지웠다, 쪼개기를 반복한다. 간결한 문장으로 요점을 한눈에 파악하도록 하라.

"여러분은 4년 전보다 더 잘살고 있습니까?(Are you better off today than you were four years ago?)"

미국이 경기침체에 빠져 있을 때 레이건은 선거유세에서 이 문장을 슬로건으로 써서 대통령이 되었다.

❹ 관심을 기울이고 끊임없이 생각한다.

2018년 책의 해를 맞이해 '기부리딩'과 '릴레이' 방식으로 직장 내에 독서붐을 일으켜 보자는 취지로 독서동아리를 만들었다. 동아리 문화가 없던 터라 직원들의 관심을 모으기 위해 이름이 중요했다. 정철 작가의 〈카피책〉을 읽으며 생각하고 생각하며 다음과 같은 이름들을 만들었다.

[부끄럼] **북**(Book), **그럼** 읽어볼까? 달려볼까? 나눠볼까?
[껄끄럼] 진작 시작할**걸**, **그럼** 읽어볼까? 달려볼까? 나눠볼까?

그냥 평소처럼 말했을 뿐인데

[너그럼] **너**와 함께 하고 싶어! **그럼** 읽어볼까? 달려볼까? 나눠볼까?

[싱그럼] **싱**글벙글 웃는 인생! **그럼** 읽어볼까? 달려볼까? 나눠볼까?

[시끄럼] **식**사는 거르지 않으시죠? **그럼** 읽어볼까? 달려볼까? 나눠볼까?

[미끄럼] 내면의 **아름다움**! **그럼** 읽어볼까? 달려볼까? 나눠볼까?

[물끄럼] **물**은 하루 8잔. **그럼** 읽어볼까? 달려볼까? 나눠볼까?

덕분에 누적회원 수 100명이 훌쩍 넘었다.

❺ 이미지화하여 말한다.

상대방이 상상할 수 있도록, 눈에 보이는 것처럼 말해야 한다.

"선거참여로 민주주의를 결재해주세요." (공익광고협의회)

"정책이 묻습니다. 투표로 답해주세요." (전국 동시 지방선거)

"아이들이 햇볕을 받고 자랄 수 있게 한 뼘만 비켜 지어주세요." (카피라이터 정철作)

"청소 아주머니 관절이 너무 힘들어요." (카피라이터 정철作)

"친구로 올라가, 연인으로 내려왔다." (도쿄 스카이트리)

신뽀리는 연필을 아주 잘 깎는 학생입니다.

신뽀리는 연필을 깎을 때만큼은 너무나 열심입니다.

그런 신뽀리를 사람들은 '공부 못하는 신뽀리'라고 부릅니다.

이제부터 여러분은 신뽀리 군을 '연필을 잘 깎는 신뽀리'라고 불러

주십시오.

언제나 단 하나의 기준선은 옳지 못하다.

- 광수생각

상대가 귀 기울여 듣지 않는 말은 소음에 불과하다. 상대의 마음을
사로잡고 싶은가?

상대를 주의 깊게 관찰하라. 그가 자주 사용하는 말을 기억하라. 숙
성된 생각이 순발력을 발휘할 때 마음을 움직일 수 있다. 카피라이터
처럼.

말의 속도를
달리 한다

'남성이 말을 빨리하면 여성들을 설득하는 데 도움이 된다'는 연구 결과가 있다(나우뉴스, 윤태희 기자, 2018년 9월 16일자). 프랑스 몽펠리에 대 연구진은 여성 65명, 남성 56명을 대상으로 이성을 유혹하는 데이팅 게임을 진행하면서 실험 참가자들의 말 속도를 측정했다. 상대적으로 말을 더 빨리하고 목소리가 큰 남성일수록 연애 성공률이 높은 것으로 나타났다.

반면 말꼬리가 긴 충청도 말씨가 상대방에게 좋은 인상을 남긴다는 상반된 연구결과도 있다(국민일보, 홍성헌 기자, 2015년 1월 19일자).

충북도립대 조동욱 교수는 20대 남성 20명을 대상으로 한 실험에서 '안녕하세요?'라는 말의 마지막 음절의 길이 변화에 따른 호감도 차이를 분석했다. 응답자의 70퍼센트가 끝을 0.3초로 맺은 경우 가장 좋게 평가했다. 0.1초로 끝낸 경우를 좋게 평가한 응답자는 단 한 명도 없었다. 말끝이 길어지면 말의 속도가 느려지며 말의 강도도 약해진다. 말꼬리가 긴 말투는 부드럽고 착한 이미지로 인식하는 효과가 있는 것으로 나타났다.

상반된 연구결과가 보여주듯이 말의 속도가 느리고 빠르다는 것만으로 좋고 나쁨을 평가할 수 없다. 모든 말에는 목적이 있고 대상이 있다. 목적과 대상에 맞게 속도를 조절하는 지혜가 필요하다.

연세 많은 어르신에게나 아이들에게는 말의 속도를 늦춰야 한다. 의사가 환자에게 설명하는 상황도 마찬가지. 해당 분야를 잘 모르는 사람과 대화할 때는 천천히 이야기해야 한다. 사람은 자신과 말의 속도가 비슷한 사람에게 호감을 갖게 된다. 상대의 말의 속도에 맞추면 친해지거나 협조를 구하는 데 도움이 된다. 청중을 구름떼처럼 모으는 인기 강사들도 속도 조절 역량을 갖고 있다. 그들은 조금 빠른 말투로 청중을 집중시키면서 내용의 중요도, 난이도에 따라 속도를 자유자재로 조절하는 능력이 탁월하다. 아나운서와 같이 지적인 이미지와 신뢰감을 심어주고 싶다면 일정한 속도로 말해야 한다.

"이렇게 열정 있는 분은 뵌 적이 없어요."

"말씀을 참 잘하시네요."

말의 속도가 빠른 사람은 '열정적인 사람', '달변가'라는 긍정적인 첫인상을 준다. 생동감을 주어 흥미를 더해준다. 끌어당기는 힘과 설득력이 있다. '자신감 있고 능력 있는 사람'으로 평가받는다. 반면 화가 나 흥분하면 말이 더 빨라질 수 있는데 '성급한 사람'이라는 부정적인 인상을 심어줄 수도 있음을 명심해야 한다.

말을 빠르게 하다 보면 입 모양을 대충 만들어 발음이 뭉개지기 쉽다. 또박또박 정확한 발음을 하기 어렵다.

"뭐라고? 잘 못 들었어."

"미안. 뭐라고?"

한창 신이 나서 이야기하고 있는 도중 반복해서 재차 설명을 요구할 때면 맥이 끊긴다. 내 얘기에 집중하지 않고 딴 생각 했나? 짜증스럽다. 친구가 나의 말을 끊는 이유는 이해력이 부족해서가 아니다. 흥분해서 빨라진 말투가 부정확한 발음으로 이어져 전달력을 떨어뜨린 것이다. 친구의 이해를 어렵게 한 건 바로 빠른 말투로 인한 부정확한 발음이다.

: 책 읽을 때보다는 느리게, 강의보다는 빠르게 :

무엇보다 회의, 발표 등의 자리에서는 적절한 속도를 유지하는 것이 중요하다. 청중의 특성을 파악하고 내용의 중요도에 따라 말의 속도를 조절하면 전달력을 높일 수 있다. 일반적으로 상대를 잘 이해시키기 위해서는 말의 속도를 늦춰야 한다. 평소에 말이 빠르지 않더라도 과도하게 긴장하거나 준비가 부족한 상태에서 발표할 경우 말이 빨라지기도 하니 주의해야 한다. 특히 새로운 정보를 전달하거나 신뢰감을 주고자 할 때는 천천히 말해야 한다. 말을 천천히 하면 듣는 이에게 편안함을 준다. 다만 너무 느리면 답답하고 지루하게 만들고 주의력을 떨어뜨릴 수 있음에 유의하자.

우리나라 일반 성인을 대상으로 한 연구결과에 따르면, 고등학교 교과서에 수록된 지문을 녹음하여 들려주었을 때 250~300SPM(Syllables per minute, 분당 음절 수)을 가장 선호하는 것으로 나타났다(김성경, 신명선, 일반 성인의 구어속도 선호도 연구, 언어치료연구, 제25권 2호, 2016. Vol.25). 300SPM은 평균적인 책 읽기 속도이고, 250SPM은 평균적인 강의 속도에 해당한다. 청자의 집중력을 높이고 호감 가는 이미지를 주기 위해서는 분당 270자 내외의 속도가 적당하다. 부담 없이 편안하게 들을 수 있는 속도이다. 다만 발음은 또박또박 분명해야 한다.

먼저, 자신이 말하는 속도와 발음을 확인해보자. 듣기에 편안한 속

그냥 평소처럼 말했을 뿐인데

도와 정확한 발음으로 말하고 있는가? 말하는 중간 중간 적절히 쉬어서 흐름을 쉽게 이해할 수 있도록 배려하는지 점검해봐야 한다. 뉴스 기사를 한글 문서에 옮겨 읽으면 자신의 말하는 속도를 쉽게 측정할 수 있다. 스마트폰의 녹음기능을 사용하면 편리하다.

한편 면접이나 프레젠테이션 등 중요한 스피치를 앞두고 있다면 녹음된 자신의 목소리를 꼭 들어보자. 사람은, 평소 두개골을 울리며 전달되는 자기 음색에 익숙하다. 녹음된 소리는 진동음 없이 공기를 통과한 소리이기 때문에 낯설다. 어색하고 형편없게 들리는 목소리가 타인이 듣는 나의 목소리에 더 가깝다. 녹음한 내 목소리를 들으면서 듣기 편한지 점검하면 좋겠다.

 말의 속도를 능수능란하게 조절하기 위한 3가지 방법

❶ 복식호흡을 반복해서 연습한다.

복식호흡이 익숙해지면 호흡이 짧아 말이 빨라지는 것을 고칠 수 있다. 긴장할 때 복식호흡을 하면 말의 속도를 늦추는 데 도움이 된다. 부교감신경을 활성화시켜 몸을 이완시키고 심박수를 낮춰주는 효과가 있기 때문이다.

복식호흡 요령은 다음과 같다.

하나, 코로 천천히 공기를 들이마시며 배를 볼록하게 부풀린다(3~5 초간).

둘, 잠시 숨을 참는다(3초간).

셋, 입으로 천천히 내쉬며 공기가 복부에 남지 않도록 숨을 내뱉는다(6~10초간).

(*이때 배 부위에 손을 가볍게 얹고 숨을 들이마실 때 배가 팽창하고, 내쉴 때 수축하는 것을 느낀다.)

❷ 때로는 조금 길게 쉰다.

말하는 도중 숨을 쉬는 것을 포즈(pause)라고 한다. 문장과 문장 간격을 충분히 벌려라. 빠른 말이 습관이 된 사람이라도 비교적 쉽게 말의 속도를 늦추는 효과적인 방법이다. 마침표, 쉼표 다음에 충분히 쉬거나 중요한 내용 앞에서 잠시 멈추는 습관을 갖도록 반복 연습한다. 포즈(pause)는 듣는 이의 집중력을 높이고 이해를 돕는다. 당신 또한 다음 말을 준비하는 시간으로 활용할 수 있다.

문장 부호에 맞춰 충실하여 띄어 읽고, 중요한 내용 앞에서 충분히 쉬고 있는가? 책이나 신문기사를 소리 내어 읽어보자. 스톱워치로 시간을 측정하며 변화를 느껴 보자. 쉬는 것도 연습이 필요하다.

그냥 평소처럼 말했을 뿐인데

❸ 입을 최대한 크게 벌려 발음을 또박또박한다.

빠른 속도로 말하다 보면 말을 웅얼거리게 된다. 정확한 발음을 소리내기 위해 입을 크게 벌리고 입 모양에 신경 쓰자. 말의 속도를 늦추는 데 도움 된다.

아이를 꾸짖을 때도 조곤조곤 말해야 한다. 말이 빨라지고 언성이 높아지는 것을 막을 수 있어 훨씬 설득력이 높아질 것이다.

세상에서 나와 가장 가까운 사람은 누굴까?

친구? 가족? 아니다.

그보다 더 나와 가까운 사람은 바로 나 자신이다.

나는 나와 어떤 대화를 나누고 있는가?

나는 나에게 어떤 이야기를 허락하고 있는가?

나는 행복을 맞이할 준비가 되어 있는가?

행복의 말이 나에게 오기를 기다리지 말고 스스로에게 행복을 선사하자.

3장

긍정적 듣기와
긍정적 혼잣말부터
시작한다

험담과 거리 두기

험담은 세 사람을 죽인다. 말하는 자, 험담의 대상자, 듣는 자.

– 〈미드라쉬(Midrash)〉

"얘기 들었어요?"

"그 직원의 전 직장 동료에게 들은 얘기인데……."

신기하게도 제3자의 감춰진 이야기를 듣게 되면 별 노력 없이도 경청이 쉬워진다. 화제의 주인공이 없는 뒷담화는 험담하는 내용이 대부분이다. '누구와 누구랑 사귄다'는 얘기는 흥미롭다. '헤어졌다'라는

그냥 평소처럼 말했을 뿐인데

얘기는 더 솔깃하다. 결혼 소식보다는 이혼했다는 소문이, 미담보다는 불미스러운 이야기가 귀에 쏙쏙 들어온다. 게다가 '정말?', '와, 그렇게 안 봤는데.' 등의 맞장구도 자연스레 나온다. 솔깃해서 잠시 귀를 열었던 자리에서 평소 좋지 않은 감정을 가진 상대가 언급되면 입을 열어 이야기를 보탠다. 자신이 직접 경험한 것이 아니어도 상관없다. 한번 시작된 험담은 대상을 바꿔가며 이어지기도 한다.

분위기에 휩싸여 뒷담화를 하다 보면 시간 가는 줄 모른다. 구태여 보태지 않아도 되는 말까지 덧붙인다. 죽이 맞아 신나게 험담할 때면 상대와 한층 가까워진 것처럼 느껴지기까지 한다. 비슷한 경험을 했거나 공감을 표현해주는 상대를 만나면 맘 놓고 디스한다.

학교, 직장 등 가족보다 더 많은 시간을 같이 보내는 친구나 동료와의 관계에서는 험담에 노출될 기회가 잦다. 지루하게 반복되는 일상, 통제 불가한 스트레스, 지속적 압박감을 주는 경쟁 관계… 이런 환경에 놓여 있게 되면 동질감으로 가까워진 사람들과 쉽게 마음 터놓고 험담을 공유하기 쉽다. 출근하면서 '오늘은 험담하지 말아야지.', '험담하는 자리에는 끼지 말아야지.'라고 다짐하는 직장인이 얼마나 있을까? 험담이 독이 되어 관계를 썩게 하고 결국에는 자신을 망가뜨린다는 것을 미처 깨닫지 못하고 습관처럼 익숙하게 험담을 듣고, 말하는 사람이 얼마나 많은가?

작년, 직장 동료들과 몇 개의 프로젝트를 진행할 기회가 있었다. 공통의 관심사로 공감대를 형성한 우리는 '해보자, 할 수 있다, 큰 그림을 그려보자'라는 긍정의 말투로 의기투합하였다. 결핍에 대한 불평불만을 늘어놓기보다 우리가 할 수 있는 일에 집중하여 몇 차례의 위기를 기회로 바꾸었고, 회의 때마다 샘솟은 아이디어가 크고 작은 성과로 나타나면서 자신감도 생기고 확신도 갖게 되었다. 시간이 흐를수록 밝은 말투로 말하는 동료들 덕분에 희망을 담은 긍정의 말투가 입버릇이 되었다. 마주한 상대에 대한 칭찬은 물론, 함께 자리하지 않은 직원에 대해서도 칭찬하는 횟수가 늘었다.

그러던 어느 날부터 단순한 호기심에 마음이 끌렸거나 솔깃하게 귀를 파고들던 험담하는 말투가 불편하게 들리기 시작했다. 험담이 오가는 자리에서 슬쩍 자리를 피하거나 습관적으로 험담하는 사람과 거리를 두는 나 자신을 발견하게 되었다. 서로를 배려하고 겸손한 말투를 사용하는 팀원들과 어울리면서 함께하는 즐거움, 나누는 기쁨의 가치를 충분히 느꼈기에 가능한 일이었다.

: 험담은 하수의 언어표현이다 :

자신의 존재를 드러내기 위해, 혹은 우월감을 과시하기 위해 꺼내는 험담은 하수의 언어표현이다. 시기와 질투에 기인한 험담을 하기보다

그냥 평소처럼 말했을 뿐인데

는 부러움을 칭찬의 말투로 솔직하게 표현하자. 익숙해질 때까지 반복 연습하자. 칭찬의 말투가 습관이 되면 마음도 평화롭다.

'하지 말아야지'라고 생각하면서도 험담을 멈추지 못할 때가 있다. '저, 잠시 흉봐도 돼요?'라며 자신을 가장 잘 이해해 줄 거라 생각하는 사람에게 하소연한다. 자신이 화난 이유를 상대에게 돌린다. 무례한 태도와 책임감 없는 행동으로 불쾌한 기분에 사로잡혀 있으며, 피해를 입었다고 하소연한다. 중요한 건 평소 그 사람에 대한 나의 기본적인 감정이 부정적이라는 점이다. 부정적인 감정이 담긴 속마음은 말투로 드러난다. 호감을 느끼던 사람이라면 반응은 정반대다. 혹시 내 실수는 없었는지, 그럴 수밖에 없는 다른 이유가 있는 건 아닌지 살폈을 것이다. 무엇보다 험담 자체에 신중했을 것이다. 원인을 내가 아닌 외부나 상대에게서 찾거나 타인이나 환경을 핑계 삼는다면 행동은 결코 변하지 않는다.

험담은 상대를 잘 모르기 때문에 하는 경우가 많다. 장시간을 함께하는 사람의 경우 잘 안다고 착각한다. 선입견과 주관적인 잣대로 평가하는 것도 모자라 자신의 감정을 실어 이야기한다. 험담을 줄이고 싶은가? 상대를 알기 위해 노력하자. 질문과 경청을 통해 공감하고 관찰을 통해 상대의 강점을 찾아내어 칭찬해보자. 상대는 호의를 베풀며 친근하게 대할 것이고 거친 험담은 줄어들고 부드러운 감사와 칭찬의 빈도가 늘어날 것이다.

만날 때마다 다른 사람을 험담하는 직원이 있다. 마치 자신이 대단한 정보를 가진 중요한 사람인 양 만날 때마다 유쾌하지 못한 타인의 험담을 늘어놓는다. 주목받고 싶고, 관심 받고 싶은 마음을 표현하는 나름의 방법일지 모른다. 자존감이 낮은 사람이거나 부정적인 성향을 가진 사람일 가능성이 크다. 이런 동료를 만났다면 뒷담화가 친분의 수단이 될 수 없다는 점을 알리자.

"당신 앞에서 타인을 험담하는 사람은 언젠가는 타인 앞에서 당신을 험담할 것이다."

스페인 속담이다.

〈사소한 말 한마디의 힘〉의 저자 사이토 다카시는 누군가 먼저 험담을 시작했을 경우 지혜롭게 대처하는 세 가지 방법을 소개했다.

❶ 험담을 꺼낸 상대의 마음을 알아주라.

무조건 맞장구치며 동조하지 않되 마음을 알아주고 위로하라. 그러면 험담이 길어지는 것을 막을 수 있다.

❷ 화제를 자연스럽게 바꿔라.

험담이 길어지면 상대방의 말속에서 다른 화제를 찾아 자연스럽게 대화의 방향을 바꾼다. "그 아이디어는 무슨 내용인데?"라는 식으로 질문을 던지는 것이다.

그냥 평소처럼 말했을 뿐인데

❸ 웃고 넘어갈 수 있는 한마디를 해라.

"아, 역시 오늘도 등장하는 그분 이야기인가요?"

"이제 이 정도면 전설로 남는 거 아닐까요?"

험담에 동참하지 말아야 할 이유는 많다. 그중에서도 가장 중요한 이유를 꼽으라면 그게 내 마음을 평화롭게 지키기 위함이다. 험담하는 과정에서 질투와 분노에 빠진 사람의 가슴에 어떤 행복이 찾아올 수 있겠는가? 험담했던 그 사람이 불행에 빠졌다는 소식 외에는 나를 즐겁게 만드는 일이 없다면 그건 과연 진짜 행복일까? 행복을 원한다면 내 마음부터 행복을 받아들일 준비가 되어야 한다.

칭찬을 있는 그대로
받아들인다

"이번에 만든 소식지 보니까 훨씬 실력이 향상됐던데!"

"아닙니다."

"도와줘서 고마워. 덕분에 모든 일정이 순조롭게 끝났네."

"아닙니다."

직장 후배 중 열에 여덟은 수학 공식 외우듯 천편일률적으로 '아닙니다.'라고 대답한다.

그냥 평소처럼 말했을 뿐인데

반면 다음과 같이 대답하는 후배가 있다.

"이번에 만든 소식지 보니까 훨씬 실력이 향상됐던데!"
"선배님 감사해요. 주말에 나와서 열심히 만들었는데 칭찬해주시니 기분이 좋네요. 다음 달부터 프레임을 바꿔보고 싶은데 어떤 콘셉트로 만들면 좋을까요?"

"도와줘서 고마워. 덕분에 모든 일정이 순조롭게 끝났네."
"이번 프로젝트 성공에 조금이나마 도움이 되어 기쁩니다. 새로운 분야에 대해 배울 수 있었던 좋은 기회였습니다. 다음에도 도울 일 있으면 언제든 말씀해 주세요."

당신이 사장이라면 어떤 사람과 일하고 싶은가? 면접관이라면 누구에게 더 높은 점수를 주겠는가? 상사의 격려를 기쁘게 받아들이면서 의욕적이고 진취적인 모습을 보이는 직원을 선호하는 게 인지상정이다.

'아닙니다.'라는 대답은 칭찬에 대하는 지혜로운 말투가 아니다. 본의 아니게 긍정의 마음으로 칭찬한 상대에게 찬물을 끼얹은 셈이다. 아니라는 부정 표현을 접한 상대는 순간 말문이 막힌다. 잠시 어색한 침묵을 깨고 새로운 화제를 꺼내야 하는 부담이 생긴다. 상대방이 한

번 더 강조해서 칭찬해주길 바라고 부정하는 것이 아니라면 환한 얼굴로 인사해야 한다.

자존감이 낮은 사람은 자신의 성과를 낮게 평가하거나 칭찬을 있는 그대로 받아들이지 못한다. 설령 자존감이 낮지 않더라도 칭찬을 받아들이는 일에 서툰 사람들이 많다. 상대방의 인정과 칭찬에 기분이 좋으면서도 그 좋은 감정을 솔직하게 표현하는 게 어색하다. 겸손한 마음을 표현한다는 것이 '아닙니다.'라는 부정의 말투를 사용하게 한다. '감사합니다.'라고 있는 그대로 받아들이는 게 익숙하지 않다. 상대가 직책이 높고 대하기 어려운 상급자라면 긴장한 나머지 늘 하던 습관대로 '아닙니다.'라고 말하기 쉽다. 이제부터는 '감사합니다.'라고 밝은 말투로 대답해보자. 노력의 결실로 성과를 만들었다면 나는 괜찮은 사람이다. '괜찮은 나'를 인정하자. 자존감이 높아진다. 나아가 친절하게 나의 성장과 노고를 언급해 준 상대에게 감사의 마음을 전할 기회도 잡을 수 있다.

바보도 칭찬하면 쓸모 있는 사람이 된다(Praise a fool, and you make him useful.).

젊은이를 칭찬하라, 발전하리라(Praise youth and it will prosper.).

외국 속담처럼 칭찬은 분명 동기부여에 탁월하다. 진정성 있는 인정

그냥 평소처럼 말했을 뿐인데

과 칭찬은 분명 즐거운 경험이다. 칭찬을 감사한 마음으로 받아들여 보자. 자존감이 높아지고 칭찬받을 일이 더 많아질 것이다.

"칭찬을 받거든 '감사합니다.' 하고 그저 받아들여라. 성공하기 위해, 자신의 가치를 제일 먼저 깨달을 필요가 있다."

'행복을 그리는 철학자'라 불리는 세계적인 동기부여 전문가이자 베스트셀러 작가인 앤드류 매튜스(Andrew Matthews)가 한 말이다.

: 그래도 칭찬받는 게 어색하다면 :

사랑도 받아 본 사람이 베풀 줄 안다. 도움도 받아 본 사람이 줄 수 있다. 칭찬을 받아 행복을 느껴 본 사람이 제대로 칭찬할 수 있다. 누군가로부터 칭찬을 받을 때는 겸손과 감사함으로 기쁘게 받아들이자. 그래야 다른 누군가를 칭찬하고 인정할 수 있게 된다. 칭찬의 힘을 직접 체험한 사람은 타인을 칭찬함에 결코 소홀할 수 없다. 낮은 자존감을 건강하게 키우는 방법 중의 하나가 칭찬임을 기억하자.

그래도 칭찬을 받는 게 어색하다면 한 가지 방법을 소개한다. 사회심리학자 박진영은 〈동아사이언스〉에 '칭찬을 받을 때 불편한 느낌이 드는 이유'라는 제목으로 칼럼을 연재했다. 이 칼럼에는 2017년 실험사회심리학지(Journal of Experimental Social Psychology)에 발표된 데

이비드 킬(David Kille)의 실험이 소개되어 있다.

연구에 따르면 전반적인 속성과 행동 중 칭찬을 받을 때 주목하는 초
점이 무엇이냐에 따라 칭찬을 받아들이는 태도가 달라질 수 있다고
한다.

실험 #1
먼저 사람들에게 달성하고 싶은 목표(예. 건강해지기)를 하나 떠올리게
했다. 임의의 한 그룹의 사람들에게는 어떻게(How) 하면 그 목표를 달
성할 수 있을지 생각하게 했다. 가령 운동을 열심히 한다거나 건강한
식습관을 갖는다 등이다.
다른 그룹의 사람들에게는 그 목표를 이루고 싶은 이유(Why)에 대해
생각하게 했다.

실험 #2
한 그룹의 사람들에게는 어떤 단어를 주고 그 단어의 하위 카테고리
를 생각하도록 했다(예. 음료수 - 참이슬, 콜라, 오렌지 주스). 다른 그룹
의 사람들에게는 단어의 상위 카테고리를 생각해보도록 했다(예. 음료
수 - 마실 것, 먹을 것).

그냥 평소처럼 말했을 뿐인데

실험 결과 구체적이고 자잘한 행동 양식이나 사례들을 떠올린 그룹의 사람들이 보다 추상적인 생각을 한 그룹의 사람들에 비해 이후 칭찬을 더 기쁘게 잘 받아들이는 모습을 보였다. 추상적이거나 구체적인 사고방식 또는 시야에 따라 서로 다른 반응을 보인 것이다.

Kille은 나라는 사람 전반에 대한 평가로 받아들이기보다 구체적인 행동에 한정시켜 받아들일 때, 칭찬을 더 수월하게 받아들일 수 있다고 설명한다.

누군가가 '당신은 친절한 사람이군요.'라며 칭찬을 한다면 현재에 집중하자. 방금 베푼 행동에 대한 표현이라 생각하며 미소 띤 얼굴로 고맙다고 인사하라. '나를 얼마나 안다고?', '저렇게 말하고 무슨 부탁을 하려는 거지?'라고 의심하거나 부담을 느낄 필요 없다. '아니에요.' 대신 '당신을 도울 수 있어 다행이에요.'라고 바꿔 말하자.

이 세상에 완벽해서 칭찬을 받는 사람은 없다. 더하지도, 덜하지도 말고 칭찬을 있는 그대로 받아들이면 자존감이 높아진다. 자존감이 높은 사람이 행복을 쟁취할 확률도 높다.

토크쇼 진행자처럼 경청과 맞장구로
흥을 북돋운다

브랜드 평판지수라는 게 있다. 빅 데이터를 추출하여 소비자의 행동을 분석, 이를 바탕으로 브랜드를 평가하는 방법으로, 가중치가 다른 네 가지 측면, 즉 참여가치, 소통가치, 미디어가치, 소셜가치를 통해 브랜드에 값을 매긴다. 우리는 브랜드 평판분석을 통해 누가, 언제, 어디서, 어떻게, 얼마나, 왜 해당 브랜드를 이야기하는지 알아낼 수 있다.

2018년 8월 예능 방송인 40명을 대상으로 한 브랜드 빅 데이터 분석결과에서 이영자 브랜드가 브랜드 평판 1위를 기록했다. 링크분석을 보면 '칭찬하다, 맛있다, 공감하다'가 높게 나왔다(한국기업평판연구

그냥 평소처럼 말했을 뿐인데

소, www.rekorea.net).

그녀는 10년간 TV 프로그램 〈대국민 토크쇼 안녕하세요〉의 공동 진행자로 활약하며 탁월한 공감 능력을 보여주었다. 일반 시청자가 주인공으로 참여하여 크고 작은 사연을 꺼내 놓으면 함께 웃기도 하고 마음 아픈 사연에 함께 울어주고 다독이며 용기를 북돋는다. 그녀를 비롯한 진행자들의 경청과 맞장구에 힘입어 갈등을 거듭하던 출연자들이 가족과 친구의 이야기에 귀를 기울이며 속마음을 털어놓고 이해의 바다로 조금씩 몸을 담근다.

경청(傾聽)이란 주의를 기울여 열심히 듣는다는 뜻이다.

먼저 상대의 이야기에 집중하기 위해 몸을 상대에게 기울인다(傾). 왕(王)의 이야기를 듣는(耳) 것과 같이, 열 개(十)의 눈(目)으로 바라보고, 한(一) 마음(心)으로 성심껏 듣는 것이 곧 경청이다.

'맞장구치다'라는 말은 마주 서서 장구를 치는 풍물놀이에서 유래한 말로 상대의 말에 호응하거나 동의한다는 뜻으로 사용된다.

포근하고 감성적인 목소리의 소유자 이금희 전 아나운서도 경청과 맞장구의 달인이다. 2011년 KBS 라디오에서 시행한 설문조사에서 그녀는 시각장애인들이 가장 선호하는 목소리를 가진 방송인으로 뽑히기도 했다. 아침 시간 방송되는 주부 대상 토크쇼 역대 진행자 중 가장 오랜 시간 자리를 지켰을 만큼 시청자들로부터 많은 사랑을 받았다. 그 비결은 따뜻하게 감싸주는 목소리만큼이나 진정성이 뚝뚝 묻어나는 경청과 맞장구였다. 마치 오랜 친분이 있었던 것처럼 출연자를 편안하고 자연스럽게 만드는 건 그녀의 트레이드마크. 사연에 흠뻑 취해 박장대소하고, 함께 안타까워하며 울어주며 건네는 공감의 짧은 말이 출연자들의 마음과 입을 열었다.

"아이고.", "어머, 저런.", "네네.", "아, 그랬구나.", "그러니까요.", "그래서요?"

표현은 비슷한 듯 다양하며 구사력은 자유자재다. 그야말로 구수하면서도 세련된 맞장구 기술이다.

사람은 누구나 자신의 이야기를 하고 싶어 한다. 상대가 자신의 말에 공감을 표현하며 경청할 때 존중받는다고 느끼며 흥겹게 이야기한다. 그러므로 상대방이 입을 열면 귀로만 듣지 말고 눈으로 보고 마음으로 공감하라. 그러면 "어머, 이 얘기는 처음으로 꺼내는 거예요."라며 마음의 빗장을 열 것이다.

〈비전을 발견하고 디자인하라〉의 저자 이창현 비발디 소장은 말의 주도권을 상대에게 넘기는 사람이 고수라고 표현한다.

" " 사이가 긴 사람은 하수

" " 사이가 짧은 사람은 중수

" "를 상대에게 넘기는 사람은 고수

(하수의 예 : 교장선생님, 주례선생님, 엄마, 담임선생님, 회사 대표님 등)

그냥 평소처럼 말했을 뿐인데

상대로부터 호감을 얻기 위해 무리하게 이야기하지 않아도 된다. 상대의 이야기를 들어주는 것만으로 신뢰와 호감을 얻을 수 있다. 토크쇼 진행자처럼 상대가 편안하고 기분 좋게 말할 수 있도록 배려의 기술을 익혀보자.

듣기의 고수가 되기 위한 3가지 방법

❶ 집중하고 집중하라.

사람은 1분 동안 평균 225단어를 말하지만 듣기는 두 배 이상인 500단어를 알아들을 수 있다. 익숙지 않은 낯선 주제에 관한 이야기가 나오면 사람들은 본능적으로 집중력을 발휘한다. 하지만 모국어로 말하는 일상 주제는 귀담아 듣지 않는 경향이 있다. 심지어 일상적 대화를 진행하는 동안 사람들은 다른 일에 신경을 쏟는다. 실수는 여기에서 발생한다. 매일 되풀이되는 수업 시간이나 회의 시간에 딴청 부리다 갑작스런 상대의 질문에 등줄기가 오싹해지는 경험은 누구나 있을 것이다.

설령 너무 잘 아는 내용이라 할지라도 겸손하게 상대의 이야기에 집중하며 존중하는 태도를 보이면 상대는 당신에게 호감을 갖게 될 것이다. 딴청은 에너지를 분산시키지만 경청은 에너지를 집중시킨다.

❷ 다양한 맞장구 표현을 연습하라.

– 동의의 맞장구 : 그렇죠, 동감입니다, 네 그렇군요, 맞아, 좋아요, 재

미있네요…

– 공감/위로의 맞장구 : 저런 힘드셨겠네요, 고생이 많으시네요, 아

그랬겠네요, 안타깝네요, 걱정이네요, 어떻게 그런 일이…

– 놀람의 맞장구 : 정말요?, 와 대단하세요, 어머나, 네에?…

– 관심의 맞장구 : 그래요?, 그래서 어떻게 됐어요?, 좀 더 얘기해 주

세요. 듣고 싶어요…

진심이라 할지라도 같은 말만 반복하는 맞장구는 상대에게 오해를 불러올 수 있다. 다양한 맞장구 표현은 경쟁력이다.

❸ 핵심 단어를 한 번 더 언급하라.

#1

"선배님, 오늘 온 조사관이 지적할 게 없어서 고민이래요."

"와, 지적할 게 없다고? 밤늦게까지 준비하느라 고생 많았는데 정말 뿌듯하겠다."

"네, 처음에 준비할 시간이 촉박해서 걱정 많이 했었는데, 정말 다행이에요."

그냥 평소처럼 말했을 뿐인데

#2

"엄마, 제가 쓴 독서감상평이 가장 많은 공감을 받았대요."

"가장 많이 공감을 받았다고? 정말 기쁘겠다. 엄마도 하은이가 쓴 감상평 읽어보고 싶은데?"

"엄마도 한번 읽어보실래요?"

상대가 한 말의 핵심 단어를 콕 집어 언급하고, 감정까지 표현해주면 상대는 기쁨이 두 배가 된다.

〈궁극의 독심술〉을 쓴 나이토 요시히토 작가는 공감의 핵심은 대화의 내용이 아니라 말하는 사람의 감정이라고 말한다.

펜실베이니아 주립대학교의 로버트 아릭의 실험에 따르면, 상대방의 '감정'에 대해 반사했을 때가 별것도 아닌 '내용'에 대해 반사했을 때보다 발언 수(단어 수)에 있어서 27퍼센트나 증가했다고 한다. 따라서 이왕 반사를 하려거든 상대의 기분을 최대한 포착하는 것이 좋다.

경청과 맞장구는, 처음 만나는 사람이나 나보다 전문가인 사람과도 자연스럽게 대화를 이어나가고 호감을 주기 위한 첫걸음이 된다. 잘 알지 못하면서도 '아는 척' 이야기하려 무리하게 끼어들지 말고 상대방의 이야기와 감정 상태에 집중하자. 오래된 친구처럼 자신의 이야기를 편하게 풀어놓을 수 있도록 온몸으로 경청하자. 지식을 과시하기 위해 상대의 말을 들으면서 자신이 할 말을 준비하느라 애쓰지 말자. 들을 수 없으면 말할 수 없다. 상대의 말에 경청하는 사람이 말도 잘 한다.

경청의 반대말은 딴청이다.

나 자신에게
긍정의 말을 선사한다

"엄마 딸로 태어나줘서 고마워."

"엄마 딸로 태어나줘서 행복해."

"엄마 딸로 태어나줘서 감사해."

"엄마 딸로 태어나줘서 사랑해."

아침마다 하은이를 깨우는 인사말이다. 세 살 무렵 시작한 인사말
인데 이렇게 오랫동안 사용하게 될 줄 몰랐다. 단어의 힘 때문인지 고
유한 억양과 리듬감을 실어 상냥하고 부드러운 말투가 저절로 나온
다. 사랑하는 딸과 새로운 하루를 맞이하는 달콤한 의식이다.

간혹 시간에 쫓겨 급한 마음으로 깨우는 날도 있다. "하은아, 일어나!", "일어나라고 했다.", "김하은!", "엄마가 어제 일찍 자라고 했지!" 그러면 말은 이미 따뜻한 포옹이 아닌 따끔한 손맛으로 변한다.

시간이 없어 서두르다 보니 언성이 커진 건데 실제로 단축 효과는 없다. 오히려 잔소리가 늘어지는 바람에 출근 준비가 더디다. 사무실 도착할 때까지 찝찝한 기분이 지속된다. 하루를 여는 아침에 주고받는 말은 더 신중해야 한다.

유튜브 조회 수 100억 뷰를 넘긴 핑크퐁의 '상어 가족'은 명실상부 국민 동요다. '아기 상어 뚜루루뚜루'로 시작하는 노래는 한번 들으면 귓가에 맴돌고 입으로 흥얼거리게 된다. 들어보면 왜 수능 금지곡이라 불리는지 알게 된다. 아침 첫마디도 마찬가지 효과가 있는 것 같다. 아침에 눈을 뜨면서, 새로운 하루를 맞이하며 습관적으로 하는 말이 무엇인지 살펴보자.

당신의 아침은 어떠한가? '잘 잤다', '상쾌한 아침이야', '오늘은 또 어떤 근사한 일이 펼쳐질까?'라고 말하는가? 꿈, 행복, 사랑, 감사의 긍정 말투로 하루를 열자. '지겨워', '학교 가기 싫다', '출근하고 싶지 않다', '피곤해'라며 불평불만의 부정적인 말투와는 결별하자.

긍정의 말투로 시작하는 사람에게선 사람을 대하는 태도, 일에 대한 의욕이 돋보인다. 성과는 물론이고 위기에 봉착했을 때 대처하는 행동방식에 크고 작은 차이를 보인다. 하루의 차이가 한 달, 일 년, 십

그냥 평소처럼 말했을 뿐인데

년 누적되어 전혀 다른 인생을 만든다.

며칠 전 미국 내 빈곤 지역의 저소득층 학생들을 돕기 위해 막대한 부를 기부한 부부가 화제가 되었다. 형편이 어려운 학생들의 대학 진학을 돕기 위해 4억 6천만 달러(약 5100억 원)를 쾌척한 것이다. 그들이 1994년부터 지금까지 기부한 금액은 350억 달러(약 39조 원)에 달한다 (조선일보, 유석재 기자, 2018년 8월 30일).

그들은 바로 마이크로소프트사의 창업자인 빌 게이츠(Bill Gates) 부부다. 빌 게이츠는 자신이 부자가 된 비결을 스스로에게 "오늘은 좋은 일이 있을 거야!"라고 말하며 매일 아침을 맞이한 것이라고 이야기한다.

세계적인 부호가 되었기에 '좋은 일'이 있을 거라 생각하는 것이 아니다. '좋은 일'이 있을 거라고 생각하는 그의 태도가 지금의 그를 만든 것이다.

생각을 조심하라. 왜냐하면 그것은 말이 되기 때문이다.

말을 조심하라. 왜냐하면 그것은 행동이 되기 때문이다.

행동을 조심하라. 왜냐하면 그것은 습관이 되기 때문이다.

습관을 조심하라. 왜냐하면 그것은 인격이 되기 때문이다.

인격을 조심하라. 왜냐하면 그것은 인생이 되기 때문이다.

미국의 심리학자이자 철학자인 윌리엄 제임스(William James)의 말이다. 말은 생각을 반영하기도 하지만 말을 반복하다 보면 생각이 바뀌기도 한다. 바뀐 생각은 다시 말로 표현되고 습관이 되어 인생까지 흔들어놓는다.

"같은 말을 만 번 반복하면 반드시 미래에 그 일이 이루어진다."는 인디언 금언이 있다.

: 미래를 바꾸는 별명 그리고 기도문 :

내게는 '아이디어 뱅크'와 '열정의 대명사'라는 두 개의 별명이 있다. 각각의 별명은 생도 3학년 때 동기들과, 서른 살 중반에 함께 교육받던 팀원들이 붙여주었다. 마흔이 넘은 요즘도 종종 '아이디어가 참 많으시네요.', '열정이 많으신 분 같아요.'라는 이야기를 듣는다. 슬며시 별명을 알려주면 이구동성으로 '딱 어울린다'고 얘기한다. 별명을 지어준 사람들은 알고 있을까? 이 별명으로 인해 내 삶의 태도와 인생의 방향성이 바뀌었다는 것을.

'5년 후, 10년 후, 20년 후 나는 어떤 모습일까?' 자신이 꿈꾸는 미래의 모습을 구체화하여 선명하게 떠올려보라. '나는 ○○○이다.'라고 긍정의 현재형 문장으로 반복해 표현하자. 상상을 현실로 만드는 방법

그냥 평소처럼 말했을 뿐인데

이다.

외부환경으로부터 밀려오는 부정적인 생각이 내 인생에 함부로 끼어드는 것을 막고 싶은가? 녹록치 않은 환경에 타협하지 않고 내 인생을 잘 꾸리고 싶은가? 그렇다면 이른 아침 시간, 잠자리에서 눈을 뜨는 순간부터 자신에게 긍정의 말을 선물하자.

벤저민 프랭클린(Benjamin Franklin)은 50년 동안 매일 같은 기도를 올렸다고 전해진다. 나도 매일 소리 내어 기도하기 위해 아침 기도문을 적었다.

> 에벤에셀의 하나님, 오늘도 감사함과 열정으로 하루를 시작하게 하시니 감사합니다.
> 내 생각이 아닌, 주님의 뜻을 발견하게 하소서.
> 주님께서 공급하시는 지혜와 만남의 복으로 선한 영향력을 끼치는 자가 되게 하소서.
> 겸손하게 하시고, 주님의 영광을 나타내는 데 부족함 없이 넉넉히 사용되는 축복의 통로가 되게 하옵소서.
> 나로부터의 시작이 가정과 직장, 교회, 사회, 그리고 이 나라, 세계를 변화시키는 기적이 되게 하옵소서.

신앙이 없어도 상관없다. 자신을 위해 각자의 기도문을 적어보자.

기도문이 없어도 상관없다. 무한 긍정과 열정으로 가득한 아침 첫마디를 자신에게 선사하자. 어제와 다른 오늘, 미래가 달라질 수 있다는 기대감으로 아침을 맞이하자.

사람들은 동기 부여는 오래가지 않는다고 말한다.

목욕도 마찬가지다.

그래서 매일 하라고 하는 것이다.

– 지그 지글러(Zig Ziglar)

그냥 평소처럼 말했을 뿐인데

갇힌 마음을 깨뜨리는
아주 작은 긍정의 말

"괜찮습니다. 최선을 다했기에 후회도 미련도 없습니다. 전 요즘 10월 탈고를 목표로 책 쓰기 공부 중입니다. 오늘 같은 상황에서 방황하지 않고 중심 잡기 위해 시작했던 일인데 참 잘한 것 같습니다. 조금만 기다려주세요. 더 근사한 모습의 자랑스러운 후배가 되겠습니다."

"넌 지금도 정말 멋져. 본받고 싶을 정도의 열정과 성실이 돋보이는 멋진 친구지! 책을 쓰고 있다니 부러울 뿐이다. 수많은 창의와 열정의 엔진을 품고 있는 네게 어떤 글이 나올지 사뭇 기대된다. 너를 보며, 더위를 핑계 삼아 한층 무력해진 나 자신을 돌아봐야겠다."

2018년 8월 14일 중령 진급 발표일, 진급 누락 소식에 평소 아껴주시던 선배와 나눈 SNS의 일부이다. 선후배와 동기들에게 위로의 연락을 받았다. 대부분 조심스럽게 '괜찮아? 속상하지?'로 시작해 '역시! 너답다.', '그래, 하나님께서 더 크게 사용하실 거야.'라는 긍정과 격려의 말로 마무리되었다.

그간 노력하며 쌓아온 정성과 성과들을 인정받지 못했다는 서글픔보다는 신기하게도 새로운 시작에 대한 설렘과 마음의 평온을 느꼈다. '왜 떨어진 거지?'라는 질문에 갇혀 있기보다 '어떻게 내 꿈을 펼쳐볼까?' 탁 트인 넓은 마음을 갖게 되었다.

가족이라는 이름으로 기꺼이 희생을 감수했던 남편과 아이들, 양가 부모님 또한 긍정의 말로 내게 힘을 실어주셨다. 남편은 '그동안 수고 많았어. 괜찮아.'라며 사랑으로 보듬어 주었다. 시어머니께서는 '하나님께서 더 좋은 길로 인도해 주실 거야.'라고 위로하셨다. 친정 부모님께서도 낙심하지 않도록 용기를 주셨다. 하루도 빠짐없이 기도하셨던 분들이어서 실망도 크셨을 텐데 그들은 어느 누구도 부정적인 말을 입에 담지 않았다. 주위에서 건네주는 긍정의 말에 불행하다는 생각이 눈 녹듯 사라진다. 도리어 중령 탈락에 담긴 뜻이 있으리라 생각하게 되고, 어쩌면 아이들 양육에 더 힘을 쓰라는 뜻이 아닐까 싶어 감사했다. 엄마가 지금의 일을 얼마나 즐거워하고 열심히 하는지 잘 아는 딸은 말없이 안아주며 위로한다. 잠시 후 까만 눈동자를 반짝이며 질문한다.

그냥 평소처럼 말했을 뿐인데

"엄마, 이제 엄마는 구체적으로 어떤 일을 시작해보고 싶으세요?"

그렇다. 부정적인 상황에서도 긍정적인 말을 하면 얼마든지 마음과 상황을 바꿀 수 있다. 꼬리에 꼬리를 무는 긍정의 말투가 현실을 바라보는 관점과 태도를 변화시킨다. 긍정의 말에는 에너지가 있다. 말을 주고받는 나와 상대를 모두 충전시켜준다. 불행을 행복으로, 낙심을 기대로 바꿔주는 강력한 에너지. 우리는 긍정의 말을 통해 힘을 축적할 수 있다. 밖으로부터 오는 긍정의 말이 내 가슴에 닿을 수 있도록 마음에 길을 내주고, 나아가 스스로 끊임없이 긍정의 말을 건네길 바란다. 긍정이 가슴에 내재화되면 의식하지 않아도 생각은 늘 발전적이고 행복하게 작동한다.

최근 뇌 과학자들은 최면요법이 인간 뇌에 끼치는 긍정적인 영향을 밝혀냈다. 의료계에서는 이런 연구결과를 임상에 적용하여 걱정과 불안, 공포, 피부발진, 과민성대장증후군, 만성통증 등 신경성 질환 치료에 효과적으로 활용하고 있다. 대형 소아청소년과 병원들에서도 '말'은 유용한 치료 수단으로 각광받고 있다.

워싱턴대학의 심리학자 데이비드 패터슨(David Patterson) 교수는 '명상처럼 최면치료 역시 뇌의 자연치유 능력을 강화한다. 이를 적절히 활용할 경우 망가진 마음과 육체를 정상화할 수 있다'고 설명했다 (The ScienceTimes, 이강봉 객원기자, 2017년 6월 12일).

말에는 자기 최면 효과가 있다. 심리학자들은 '사람은 말하는 대로 행동하고 그 행동을 통해 말의 결과를 만들어 내는 속성이 있다.'는 것을 증명해냈다. 말을 바꾸면 생각과 행동, 몸의 변화를 얻을 수 있다.

긍정의 말이든 부정의 말이든 말은 씨앗이 되어 열매를 맺는다. 힘든 상황에서 밀려오는 부정적인 생각과 불평을 그대로 말로 표현해서는 안 되는 이유이다. 행복하길 원하면 행복을 불러오는 감사의 말, 겸손의 말을 써야 한다. '신은 한쪽 문을 닫으면, 다른 쪽 문을 열어주신다(If God shuts one door, another door opens.).'는 아일랜드 속담이 있다. 지금 나의 말투가 긍정적이라면 현재의 암담한 가림막에 구멍 하나를 뚫을 수 있다. 이 작은 구멍을 열고 빛이 들어오도록 만들자.

 어둠이 깔릴 때 빛의 구멍을 뚫는 3가지 방법

❶ 입술을 관리한다.

성공한 사람은 부정적으로 말하지 않는다. '시간 없다', '돈 없다', '죽겠다', '할 수 없다'라고 말하지 않는다. 성공한 사람들은 '시간을 내 보자', '살맛난다', '해낼 수 있어', '잘 될 거야'라고 긍정의 말을 한다. 성공했기 때문에 긍정의 말을 하는 것이 아니라 긍정의 말을 수천 번, 수만 번 되뇌었기에 성공에 이른 것이다. 긍정적으로 말하는 순간, 문제는 풀리기 시작하고, 꿈은 이뤄지기 시작한다.

그냥 평소처럼 말했을 뿐인데

❷ 규칙적으로 기도하는 시간, 자신에게 긍정의 말을 선물하는 시간을 갖는다.

기도는 자기 최면술이다. 소망하고 바라는 일을 마음으로 묵상하는 것도 좋지만 간절한 마음을 담아 소리 내어 기도해보자. 기도의 말은 부정적이지 않다. 긍정의 기도문은 절대 부정의 늪에 빠지게 하지 않는다. 대신 감사할 수 없는 상황에서 감사함을 깨닫게 하고 평온함 가운데 미래를 꿈꾸게 한다.

거울을 보며 밝은 표정으로 자신에게 말하자. 지금부터라도 나는 '행복한 사람'이라고 말해 보자. 내 말 한마디에 누군가의 인생이 바뀌기도 한다는 것을 절대 잊지 말자.

❸ 긍정의 힘을 북돋아주는 책을 읽는다.

좌절을 이겨내고 성공에 이른 사람들에게는 지혜가 있다. 그들의 이야기는 시행착오를 줄이고 자신감을 심어주는 데 특효다.

'안 돼', '어차피'라는 부정적인 말투로는 현재의 터널을 통과하지 못한다. 그러나 '다시 시작해보자', '새로운 길이 열릴 거야'라고 말투의 방향을 바꾸면 마음가짐도 그에 따라 달라지고, 나아가 행동과 미래까지 만들어나갈 수 있다. 새롭게 열린 문을 통해 한 걸음 내디디면 나를 돕는 이를 만날 수 있으며, 또한 어느 순간 나 자신이 누군가를 도울 수 있는 사람이 되어 있을 것이다.

피곤하고 지치고… 그래요, 다 알아요. 힘들지 않으면 부모가 아니죠.

그래서 저도 짜증을 내고 화를 내고 무뚝뚝하면서도

'내가 힘들어서 그래.'라고 생각하고 아무렇지 않게 넘겼죠.

그런데 내 화가 가족에게 전염되고 있다는 걸 알았을 때,

나아가 가족의 미래에도 부정적 영향을 끼치고 있음을 알게 되었을 때

저는 우선 〈가족에게 화내지 않기 21일 프로젝트〉를 시작하기로

마음먹었어요.

4장

내가 쓰는 말투가
자녀의 말투가 된다

친하다고
함부로 말하지 말자

평소보다 퇴근이 늦어져 종종걸음으로 저녁 준비를 하는데 남편이 할 얘기가 있다고 한다. '뭔데요?'라고 물었지만 싱크대 물소리, TV 소리에 온전히 집중하지 못하고 건성으로 듣는다. 몇 마디 주고받는데 급기야 남편의 언성이 높아졌다.

"여보, 왜 언성을 높여요?"

"당신이 먼저 화를 냈잖아."

"내가 화를 냈다고요? 난 화를 내지 않았어요."

"당신 말투가 그렇다고!"

그냥 평소처럼 말했을 뿐인데

대화가 길어졌던 것도 아니었다. 딱히 화를 낼 이유도 없었다. 본인이 먼저 언성을 높였으면서 나를 탓한다고 느꼈다. 그런데 '말투가 그렇다고!'라고 반박하는 남편의 말에 순간 말문이 막혔다.

그날 밤 심기 불편해진 남편의 눈치를 보며 당시 상황을 되돌아보았다. 남편이 할 얘기가 있다고 말했을 때 내게는 귀 기울여줄 마음의 여유가 없었다. 배고픈 아이들을 위해 빨리 밥상을 차려야 했기에 하던 일을 중단하고 남편과 마주할 생각을 못했다. 그저 하던 일 하면서 들어 주면 된다고 생각했다. 그런 일상적 의식에서 나도 모르게 말투가 거칠게 나왔으리라. 설령 저녁 준비로 분주했다면 먼저 남편에게 양해를 구했어야 했다. "여보, 미안하지만 급한 일 아니면 상 차리고 이야기해도 될까요? 아이들이 배고플 것 같아서요." 그러면 기분 상하지 않고 적절한 시점에 의논할 수 있었을 것이다. 최소한 이렇게 반응했다면 나의 말투가 부적절하게 출력되는 것은 막을 수 있지 않았을까.

그러고 보니 언젠가 남편에게 '당신이 짜증스럽게 말하고 있는 거 알아?'라는 말을 들었던 기억이 떠오른다. 당시는 화가 나고 짜증나는 상황이니 당연한 거라 간과했다. 더욱이 20년 넘게 직장생활을 이어오며 최소한 대인관계에서는 무탈했기에 남편의 충고를 들으려 하지 않았다.

그러다 근래 말투에 대한 관심이 높아지면서 이번 남편의 충고가 강한 울림이 되어 들렸다. 덕분에 진지하게 평소 직장과 가정에서의 말투를 돌아보는 시간을 가졌다.

직장이나 사회에서는 친절한 이미지를 주려고 의식한다. 상황에 맞게 적절한 긴장과 편안함을 유지하며 말실수를 줄인다. 화가 나는 상황에서도 의도적으로 감정을 자제하려 노력한다. 유쾌하고 즐거운 분위기를 만들기 위해 신경을 쓴다.

반면 가정에서는 시간에 쫓기듯 가족들을 재촉한다. 피곤함을 짜증스런 말투로 표현한다. 화난 감정을 여과 없이 표출하는가 하면 약자인 아이들을 고성으로 제압하곤 한다.

가족에 대한 말투 습관이 적나라하게 드러나자 부끄러움과 미안함이 밀려왔다. 나는 왜 은밀한 일상을 공유한다는 이유로 함부로 말해도 된다고 여긴 걸까? 왜 나는 아침마다 혹은 저녁마다 가족들에게 짜증의 바이러스를 퍼뜨리면서 '나에게는 기분을 풀 권리가 있어. 왜냐하면 나는 지금 화가 났거든!' 하고 생각했던 것일까?

가족들 앞에서 '말하는 방식'이 그들에게 내가 어떤 아내이고 어떤 엄마인지 보여주는 것이다. 아무리 악의가 없더라도 말에 가시가 돋쳐 있으면 그건 말이 아니다. 상대를 불쾌하고 불편하게 만드는 말투로는 결코 상대의 귀와 마음을 열 수 없다.

미국의 시인이자 사상가인 에머슨(Ralph Waldo Emerson)은 다음과 같이 말했다.

"사람은 누구나 자신이 하는 말에 의해서 타인의 판단을 받는다. 원

그냥 평소처럼 말했을 뿐인데

하든 원치 않든 내가 뱉은 말 한마디가 남 앞에 자신의 초상화를 그려 놓는 셈이다."

대화는 쌍방향으로 이뤄질 때 비로소 소통이 된다. 상대와 친해졌다고 모든 게 끝난 건 아니다. 도리어 가까울수록 긍정의 말을 주고받아야 한다. 사랑하는 가족, 친구, 직장동료들과 갈등을 줄이고 힘을 주고받기 위해서는 먼저 자신의 말투를 점검해야 한다. 내가 던진 그 말이 결국은 내게 어떤 식으로든 돌아오기 때문이다. 그러므로 우리는 가까운 사람뿐 아니라 나 자신을 위해서라도 말투를 성찰해야 한다. 자신이 한 말의 가장 큰 수혜자이자 피해자는 바로 자기 자신임을 기억하자.

말투를 바꿔야 하는 3가지 이유

❶ 아이의 미래에 영향을 끼치기 때문이다.

말에는 메아리의 법칙이 있다. '가는 말이 고와야 오는 말이 곱다'라는 속담이 메아리 법칙을 잘 설명한다. 상대를 존중하고 인정하는 말투가 선행되어야 상대도 나를 인정하는 것이다.

특히 그 상대가 나의 사랑스런 자녀라면 어떨까? 아이들은 부모의 '행동'을 모방하며 삶의 중요한 규칙과 습성을 배우는데 이때 말투도 아이들이 학습하는 중요한 내용이 된다. 자녀의 웃는 모습, 웃음소리, 행동을 주의 깊게 살펴보자. 아이가 쓰는 말투를 관심 있게 관찰해보자. 분명 부모의 말투가 아이에게 깊게 배어 있을 것이다. 그 말투를 그대로 방치하고 싶은가?

❷ 말에는 인생을 좋은 방향으로 바꿀 수 있는 힘이 있다.

아이의 미래 못지않게 중요한 게 또 있다. 말은 내 미래에 큰 영향을 끼친다. 내가 던진 말에 가장 많이 영향을 받는 사람은 자기 자신이다. 내가 지금 쓰고 있는 단어들은 어떤 식이든 내 인생에 크고 작은 힘을 발휘한다. 그러므로 지금 내가 반복해서 사용하고 있는 단어들을 살피고, 이 단어들이 이끄는 나의 미래가 무엇인지 생각해 보라. 혹시 '안 돼', '할 수 없어', '내가 어떻게?'라는 부정적인 말을 쓰고 있는가? 만일 그렇다면 '할 수 있어', '나이기에 가능한 거야'라고 긍정언어로 갈아타자.

❸ 험담과 결별하고 행복을 끌어당길 수 있기 때문이다.

행복한 순간에는 신기하게 내 입에서 긍정의 말, 감사의 말, 칭찬의 말만 나온다. 험담을 한다는 것은 현재 내가 행복감을 느끼지 못한다는 신호이다. 타인에게 열등감을 느끼거나 건강하지 못한 정서 상태를 반영한다. 험담하면서 생기는 부정적인 감정 쓰레기는 고스란히 자신의 몫이 된다. 그 몫을 안고 집에 돌아가거나 친구를 만나면 또 기분이 어떻겠는가? 험담이나 부정의 언어는 마치 물감과 같아서 오전에 뱉고 나면 하루 종일 물이 빠지지 않고 마음을 물들인다.

남을 해치는 말은 도리어 스스로를 해치게 되는 것이니
피를 머금어 남에게 뿜으면 먼저 자신의 입이 더러워지는 것이다.

– 명심보감

가족들에게 화내지 않기
21일 프로젝트

"엄마, 이 색종이 누가 접었을까요?"

"오늘 태권도장에서 스티커 몇 개 받았을까요?"

"엄마, 오늘 시험을 봤는데요, 5번 문제가 좀 까다로웠거든요. 근데……."

딸은 퇴근이 늦어져 저녁 준비로 분주한 엄마 곁에서 재잘댄다. 잠깐 소파에 앉으면 아들은 엄마의 뺨에 두 손을 대고 눈 맞추려 안간힘을 쓴다. 서로 자신의 얘기를 들어 달라 재잘거리는 아이들과의 대화는 꿀맛이다. 지켜보던 남편이 한마디한다.

그냥 평소처럼 말했을 뿐인데

"당신은 행복하겠어."

학원에서 데려오랴, 간식 챙겨주랴, 보드게임 하며 놀아주느라 고생한 아빠는 아이들에게 배신감을 느낀다.

우리 집 아이들은 어린이집, 학교에서 있었던 이야기를 잘 안 하는 편이었다. 집 밖에서 있었던 일에 대해선 먼저 꺼내는 일은 드물었다. 질문에 단답형으로 이야기하거나 '몰라', '비밀'이라고 말하는 경우가 비일비재했다. 그랬던 아이들이 먼저 하루의 일과를 이야기한다. 질문하지 않았는데도 앞 다투어 이야기한다는 것은 엄청난 변화다. 불량 엄마의 반성과 노력의 결실이다. 아이들의 입에서 한 문장이라도 더 끌어내기 위한 엄마의 노력을 아빠는 모른다. 때론 수다스럽게, 온몸으로 맞장구치며 노력한 '21일 프로젝트'가 가져온 변화라는 것을.

알림장 가져와 봐… 학교 숙제는 다 했니?… 학습지는 다 풀었어?… TV 그만 보고, 영어책 읽고, 녹음해… 오늘은 자기 전에 꼭 책상 정리해…

불과 얼마 전까지 퇴근 후 집에 돌아오면 아이들과 한두 마디 인사에 이어 점검이 시작되었다. 입에서는 쉬지 않고 확인하고 싶은 내용에 대해서만 속사포처럼 쏟아졌다. 아이가 한 박자라도 놓치고 잠시 머뭇거리면 그새를 못 기다렸다. '했어, 안 했어?', '엄마가 저녁 준비하는 동안 지금 당장 해.', '어서 대답해!'라고 윽박지르는 말투로 귀결되었다. 하루도 거르지 않고 반복되는 대사는 금요일 저녁이 되어야 비로소 멈추었다. 그리고 월요일이 되면 어김없이 반복되었다. 마음을 헤아리기보다는 직장에서 업무 처리하듯 확인하고, 지시하는 말투로 잔소리하는 엄마에게 어느 자녀가 알콩달콩 얘기하고 싶겠는가?

올해 3월 〈표현해야 사랑이다〉의 저자 이민규 교수님 특강을 들었다. 퇴근길 '가족들에게 화내지 않기 21일 프로젝트'를 시작하기로 다짐했다. 작심삼일이 되면 일곱 번을 반복해서라도 바꾸고 싶은 간절함이 있었다. 함께 참석했던 동료들에게 선포했다. 아이들에게도 도움을 청했다.

"엄마가 요즘에 부쩍 참지 못하고 너희들에게 소리를 지르게 돼. 사랑하는 하은이, 하민이에게 고운 말만 쓰고 싶어서 엄마가 노력하려고 해. 너희도 도와줄 수 있니?"

매일 매일 작은 변화라도 알아차리려고 집중하고 나누면서 21일을 버텼다. 성실하게 엄마의 말투를 모니터링하고 실시간 피드백 주는 아이들의 도움도 컸다. 수차례의 작심삼일을 겪으면서도 포기하지 않고 노력했다. 아이들은 오늘도 집 밖의 세상에서 배우고 느낀 것들을 들려준다.

그냥 평소처럼 말했을 뿐인데

: 불가피하게 부정어 한마디를 했다면 꼭 다섯 마디 긍정어를 한다 :

성적 상위 0.1퍼센트에 속하는 5명과 일반 학생 5명이 어머니와 함께 EBS에서 진행한 실험에 참가했다. 제작진은 최근 갈등을 빚고 있는 문제를 주제로 대화를 나누도록 하고 녹화하였다.

두 그룹 모두 게임, 방 청소 등 어느 가정에서나 흔히 일어나는 친숙한 주제로 대화를 나누었다. 15분간의 대화가 종료된 후 아이들의 반응에는 큰 차이가 있었다. 상위 0.1 퍼센트의 자녀를 둔 어머니들의 말투는 분명 달랐다. 대화를 마칠 때까지 자녀의 잘못된 행동만 언급할 뿐 감정적으로 이야기하지 않았다. 갈등 내용을 다루고 있지만 갈등이 고조되지 않았으며 분위기 역시 경직되지 않았다. 자녀들의 표정도 밝았으며 실험 종료 직후 웃는 모습을 보였다.

'그렇게까지 재미를 느끼는 네가 부럽다.'라는 진심 어린 공감의 표현을 하는 어머니와 '만족해요. 제가 원하는 것을 얻었으니까요. 비록 어머니가 더 많은 걸 얻으셨지만요.'라고 말하며 웃는 아들의 모습을 보며 부러웠다. 사춘기 아들과 웃으며 대화가 가능한 부모가 얼마나 있을까?

반면 일반 학생들과 부모는 흔히 사춘기 자녀를 둔 가정에서 볼 수 있는 대화를 하고 있었다. 어머니의 계속되는 비난에 자녀는 반발한다. 화가 난 엄마의 목소리에 자녀의 표정이 굳어진다. 실험 종료 후에도 표정이 좋지 않다. 결국 울음을 터뜨리는 자녀도 있다. 공감 없이 잘못을 지적하는 대화는 '대놓고 화내는' 소리에 불과하다.

서울여대 아동청소년심리연구소 남은영 교수팀은 학부모의 대화를 과학적으로 분석하였다. 미세 정서 코칭 시스템을 통해 초 단위로 관찰하며 수용, 애정, 비난, 경멸, 조롱 등 16가지 감정으로 해석했다. 일반 학부모의 경우 비난 40퍼센트, 분노 34퍼센트 등 부정적인 대화의 비중이 매우 높게 나타났다. 상위 0.1퍼센트 자녀들이 부모와의 대화를 '편하다, 즐겁다, 유쾌하다, 유익하다' 등 긍정적인 느낌이라고 인식하는 비율이 74퍼센트 차지하는 것과는 사뭇 다른 결과이다.

자녀가 기분 좋아 웃을 때 부모도 같이 웃어주어야 한다. 자녀의 감정을 이해하고 장단에 맞춰 웃어주며 부모의 공감능력을 발휘해야 한다. 속상해서 울음을 못 그치는 아이에게는 '많이 속상하구나. 힘들어하는 걸 보니 엄마도 마음이 아프네.'라고 말해주어야 한다. 아이들은 엄마를 통해 공감능력을 배운다. '그게 재밌니?', '울지 마. 그게 울 일이야?'라고 다그치고 비꼬는 말투 앞에서 아이들은 '거절'을 경험하고 부모와 거리가 멀어지게 된다. 아이와 대립해서 팽팽한 줄다리기하듯 에너지를 소모할 때면 사춘기에 접어든 아이의 모습을 떠올려본다. 자녀가 부모에게서 등을 돌리면 이미 때는 늦었다. 갈등을 대화로 지혜롭게 풀어나가는 자녀의 대견한 모습을 마주할 것인지는 현재 내가 즐겨 쓰는 말투에 달려 있다.

그냥 평소처럼 말했을 뿐인데

싸우려 시작한 것도 아닌데 자녀와 대화 도중 꼭 언성이 높아진다면 말투를 바꿔야 한다. 논리적인 대화보다는 공감의 말투가 먼저다. 강요하는 말투, 비난하는 말투는 버리고 사랑과 공감의 말투, 기분 좋은 말투로 자녀와 마주하자. 남은영 교수는 긍정어와 부정어의 비율이 최소 5:1일 때 좋은 관계를 유지할 수 있으며 이보다 더 높아야 아이들이 행복감을 느낀다고 말한다.

아이는 자신의 말에 공감해주는 부모에게 적극 다가선다. 건성으로 '그래?'라고 반응하는 것은 공감이 아니다. 꼭 끌어안아 주거나 '엄지척' 모션과 함께 '정말 잘 됐구나!', '근사한데!'라고 긍정적으로 공감해주자. 부모의 긍정적인 칭찬, 격려의 말투는 자녀의 자존감을 높여주고, 공감의 대화 속에서 자녀의 뇌 기능은 활성화된다.

눈을 마주치지 않으면 '엄마는 왜 내 말 안 들어주세요?'라고 불평하는 아들에게 엄마는 '듣고 있으니 말해.'라고 대꾸한다. 잠시 눈 맞춰주는가 싶다가도 두 손은 집안일에 분주하다. 듣는 척하거나 자신이 듣고 싶은 부분만 듣고 반응하는 엄마에게 아이는 서서히 마음을 닫는다.

유난히도 더웠던 올해 여름, 아이와 카페를 자주 찾았다. 시원하고 달콤한 음료와 적절한 소음과 아늑한 조명이 있어 편안하게 대화하기 좋다. 무엇보다 눈에 보이는 집안일이 없다. 덕분에 엄마는 아이에게 집중할 수 있다. 방해받지 않고 부모와 자녀가 온전히 서로의 이야기에 경청하는 법을 익힌다. 때론 나란히 앉아 팔짱을 끼기도 하고 마주 앉아 얼굴을 마주 본다. 서로에게 집중하며 이야기하다 보면 갈등도 순조롭게 풀린다. 큰 소리 내지 않고도 원하는 결과에 도달한다.

상위 0.1퍼센트의 자녀를 기대하는가? 그렇다면 상위 0.1퍼센트인 자녀의 부모처럼 말하고 행동하자. 자녀가 '우리 엄마 맞아?'라고 의아하게 생각하더라도, 멈추지 말고 따뜻한 말투로 공감해주자.

그냥 평소처럼 말했을 뿐인데

우리 가정 결핍 단어,
'감사합니다'

"빨리 확인해 주셔서 감사합니다. 덕분에 오늘 결재 올릴 수 있게 되었어요."

"지난번 추천해 주신 맛집, 가족들 모두 좋아해서 종종 가기로 했어요. 감사해요."

"어제 알려주신 대로 아이와 대화했더니 평소와 반응이 달랐어요. 감사해요."

"감사해요. 커피 향에 피로가 싹 가시는데요."

직장에서 주고받는 대화나 메일에는 늘 감사의 말이 함께한다. 아무리 바쁘더라도 짧은 감사 인사를 빠뜨리지 않으려고 노력한다. 감사 표현이 익숙한 우리 사무실은 갈등이 없다. 누가 먼저랄 것 없이 도와주고 도움의 크기와 상관없이 늘 감사의 말로 응답한다. 크고 작은 고민도 자연스레 나누고 정보와 지혜도 공유하다 보면 자연스레 감사의 말을 주고받게 된다. 업무에 대한 조언은 물론 자녀를 향한 기대와 욕심이 앞서 놓친 작은 것들도 감사할 수 있게 알려준다. 도움을 받은 사람도 도움을 준 사람도 모두 행복한 순간이다. 가족보다 더 오랜 시간, 한 공간에서 하루를 보내는 동료들이다. 그들과의 대화에 감사 인사가 있어 출근이 행복하다.

반면 가족에게는 감사 표현이 인색하다. 남편의 배려는 당연하다고 생각한다. 말하지 않아도 알아주리라고 여기거나 굳이 이런 자잘한 것까지 얘기해야 하나 싶다. 그러면서도 정작 나의 수고에 가족들이 알아주지 않았다고 느낄 때는 서운하고 억울해한다. '엄마', '아빠'라는 말을 떼기도 전부터 극성스레 수없이 되풀이하며 가르쳤던 '고맙습니다'라는 말도 줄었다. 아이들이 커 가면서 가족 내에 '사랑'이나 '고마움'이 모두 당연해진다. 호의가 되풀이되면 권리인 줄 알게 된다더니 일상의 힘은 참으로 무서운 데가 있다. 특히나 당연한 일상의 뒤에서 서운함과 불만이 자라고 있음을 우리는 나중에서야 알게 된다.

가족 간의 단절된 대화를 회복하고 행복을 지키려면 감사의 마음을 구체적으로 표현해야 한다. 남편의 생일을 축하하기 위해 남편의 나이

그냥 평소처럼 말했을 뿐인데

에 맞춰 딸과 함께 50감사 편지를 썼다. 한 줄 한 줄 정성껏 적은 감사 편지는 받는 사람과 쓴 사람 모두 감동과 위로를 받는다. 훈련되지 않아 표현하기가 쉽지 않지만 새록새록 기억을 떠올리는 시간 자체가 행복이다. 아이들을 알뜰히 챙기는 자상한 남편도, 아빠의 사랑에 감사하는 딸도 모두 감사했다. 미사여구 없어도, 소박한 표현도 상관없다. 감사함을 느낀 상대의 행동, 말을 구체적으로 표현하기만 하면 된다. 부모와 자녀 간에, 부부간에 대화가 풍성해진다. 가족의 행복을 지속하게 하는 힘은 감사의 말에 있다.

의욕 넘치고 집중력 높은 아이로 키우고 싶다면 감사하는 습관을 길러주어야 한다. 미국의 정신의학자이자 신경과학자인 에이멘 박사가 실험으로 입증했다. 감사한 마음은 행복함을 느끼게 할 뿐만 아니라 뇌가 최대한의 기능을 발휘할 수 있도록 돕는다. 방사선 단층 촬영을 통해 감정의 변화에 따라 뇌의 혈액량에 큰 변화가 있음을 밝혀낸 것이다.

자녀가 손쉽게 도울 수 있는 부탁을 하고 부탁을 들어주었을 때 진심 어린 감사의 말을 표현해보자. 부모로부터 감사를 배운 자녀의 뇌는 자연스레 감사하는 말에 익숙해질 것이다. 집중력과 기억력이 향상됨은 물론 의욕적이고 긍정적인 태도로 사람들에게 인정받고 존중받는 사람이 될 것이다.

감사의 말은 화도 누그러뜨리고 긍정의 힘을 발휘한다. "아, 짜증나.

이건 또 뭐야. 기가 막혀서." 불만과 원망의 마음이 생기고 화가 치밀어오를 때 '감사합니다'라는 말을 의식적으로 해야 한다. 갑자기 바뀐 일정, 쉴 틈 없이 밀려드는 업무가 짜증을 낸다고 해결되는 경우는 없다. 투덜거려서 스트레스가 해소된다면 좋겠지만 대개는 불만이 쌓이고 의욕은 떨어진다. '뭐야? 주말에 나 보고 일하라고?'를 '주말 동안 자료를 찾아볼 여유가 생겨서 감사합니다.'라고 바꿔 말하니 사무실 동료들이 엉뚱한 발언에 웃는다. 뇌는 '감사합니다'라는 말에 한 번 속고, 동료들과 웃는 가운데 두 번 속아서 '보고서를 잘 작성하고 싶다'라는 의욕을 불러일으킨다.

: 감사는 마법이다 :

행복은 언제나 감사의 문으로 들어와서 불평의 문으로 나간다. 조심하라. 불평의 문으로 행복이 새나간다. 기억하라. 감사의 문으로 행복이 들어온다.

– 서양 속담

어떤 상황 속에서도 감사의 이유를 찾아내는 노력에는 환경의 변화 없이도 행복을 안겨주고 마침내 환경도 변화시키는 능력이 있다. 감사

그냥 평소처럼 말했을 뿐인데

의 말투 속에 긍정의 힘이 담겨 있다.

로버트 마우어(Robert Maurer)는 UCLA 의과대학과 워싱턴 의과대학에 재직 중인 임상심리학자이다. 그는 저서 〈아주 작은 반복의 힘〉에서 파산 위기에 놓인 한 병원의 컨설팅 사례를 소개한다. 환자들이 진료 대기 시간에 가장 큰 불만을 느낀다는 사실을 알게 된 로버트는 문제 해결을 위한 작은 실천전략을 세운다. 그가 직원들과 찾은 해결책은 미안함과 고마움을 말로 표현하는 것이었다. 의료진과 직원들이 '미안합니다', '감사합니다'라고 이야기하자 환자들의 만족도는 두 배로 올랐다. 다른 병원으로 옮기는 환자 수도 60퍼센트나 줄었다. 평균 대기시간에는 아무런 변화가 없었지만 말 한마디로 환자들의 반응이 달라졌다. 환자들은 '이렇게 친절한 병원은 처음이야!'라고 말하기 시작했다.

한 해를 마무리하는 연말, 방송사들이 연예인들을 대상으로 분야별 시상식을 개최한다. 일부러 챙겨보지 않아 못 본 시상식은 있어도 보다 말고 TV를 끈 시상식 프로그램은 기억에 없다. 특별히 응원하는 연예인이 없어도, 아는 연예인이 많지 않아도 충분히 감동이 전해진다. 다름 아닌 수상자들의 감동 주는 소감과 동료들이 진심으로 축하해 주는 모습이 흐뭇하기 때문이다.

2018 KBS 연예 대상의 행운은 이영자 개그우먼에게 돌아갔다. '여성 최초 수상'이라는 수식어로 후배들에겐 가능성의 길을 열어 주었

다. "고마운 분들이 많다. 제가 대표로 이 상을 받았지만 제가 잘해서만이 아니라는 걸 알고 있다."라고 소감을 말한다. 겸손하게 감사의 마음을 전하는 모습이 인상 깊다. 동고동락하며 함께 이겨낸 스태프부터 가족에 이르기까지 호명하며 고마움을 전한다. 수상소감을 듣고 있노라니 긍정의 기운이 전해져 입가에 미소가 절로 지어진다.

감사하는 사람은 인정과 존경을 받는다. 자신의 능력과 노력을 잠시 내려놓고 '감사합니다', '덕분에 잘 마칠 수 있었습니다.'라고 겸손하게 표현해야 한다. 상사의 지시에 '믿고 맡겨주셔서 감사합니다.', '과장님께서 도와주셔서 힘들지 않게 마칠 수 있었습니다. 감사합니다.'라고 응대하라. 일 잘하는 직원을 넘어 함께 일하고 싶은 직원으로 기억될 것이다. 다른 사람에게 표현한 감사의 말은 부메랑이 되어 나에게로 다시 돌아온다.

"하나님, 오늘도 건강하게 하루를 시작할 수 있게 해주셔서 감사합니다."

"하나님, 코감기로 숨 쉬는 것이 불편합니다. 이로 인해 영적 호흡인 기도의 중요성을 깨닫게 해주셔서 감사합니다."

"하나님, 그리 아니하실지라도 감사할 수 있는 믿음 주셔서 감사합니다."

평온할 때뿐 아니라 절박하거나 낙심할 때도 언제나 '하나님 감사합니다.'로 기도를 시작한다. 화가 나고 짜증나서 불만을 참지 못하고 토

그냥 평소처럼 말했을 뿐인데

로했던 날에도 마찬가지다. 어릴 적부터 공식처럼 배우고 익힌 기도의 첫 번째 순서인 '감사기도'는 습관이 되어 어느새 '범사에 감사'한 평온한 마음을 가져온다.

감사의 말은 마법의 말이다. 감사는 행복지수를 높이고 분노를 낮춘다. 아픈 기억으로 남을 수 있는 상처도 회복시키는 치유력이 있다. 감사하는 습관을 기르자. 자신을 비롯하여 사람들을 대하는 태도가 달라지고 인생이 바뀐다.

> 좋은 일을 생각하면 좋은 일이 생긴다. 나쁜 일은 생각하면 나쁜 일이 생긴다. 여러분은 여러분이 하루 종일 생각하고 있는, 바로 그것이다.
>
> – 조셉 머피(Joseph Murphy)

혹시 궁금해할지 몰라서 〈50감사〉 편지를 소개한다.

하은이가 엄~청 사랑하는 아빠께

아빠 감사합니다.

1. 항상 나를 좋아해 주셔서

2. 나를 건강하고 튼튼하게 키워주셔서

3. 항상 나를 예뻐해주시고 사랑해주셔서

4. 내 친구들이 왔을 때 맛있는 떡볶이 해주셔서

5. 친구들이 우리 집에 놀러 온다고 하면 집을 깨끗이 치워주셔서

6. 피아노 연습을 하고 싶은 저를 위해 건반에 건전지를 넣어주셔서

7. 다현이와 같이 에버랜드에 같이 가게 해주셔서

8. 친구들과 방방이를 타러 갈 수 있도록 시간을 내주셔서

9. 달달 말씀을 외울 수 있도록 도와주셔서

10. 내가 영어를 잘할 수 있도록 학원에 다니도록 해주셔서

11. 휴일이나 평일 밤에 시간을 내서 찜질방에 같이 가주셔서

12. 나에게 엄마보다 더 똑똑하다고 말해주셔서

13. 내가 동생에게 블록 차를 만들어주었을 때 칭찬해주셔서

14. 아빠가 기부리딩할 동전을 기부해주셔서

15. 피아노 정기 연주회 때 끝까지 공연장을 떠나지 않아주셔서

16. 성악 발표회 때 공연장을 끝까지 떠나지 않아주셔서

17. 가끔씩 늦잠 자고 일어날 때 학교에 지각하지 않도록 태워다주셔서

18. 비가 오는 날 학원에 갈 때 나를 걱정해주셔서

19. 내가 필요한 필기도구 같은 것을 사주셔서

20. 내가 입어야 하는 옷을 사주셔서

21. 금붕어가 죽을 수도 있었는데 살려 주셔서

22. 여름마다 우리 시원하라고 에어컨을 틀어주셔서

23. 겨울마다 우리 따뜻하라고 보일러를 틀어주셔서

그냥 평소처럼 말했을 뿐인데

24. 내가 눈이 나빠졌을 때 안경을 사주셔서

25. 가끔 내 머리를 빗겨주셔서

연주가 엄~청 사랑하는 남편께

26. 사랑스런 하은이, 하민이에게 다정하고 친밀한 아빠가 되어주어서

27. 아이들이 엄마에게 버릇없이 행동할 때 늘 엄마 편이 되어주어서

28. 안전한 환경에서 자랄 수 있도록 재택근무로 희생해주어서

29. 주말에 소년부 교사로 헌신할 수 있도록 아이들을 돌봐주어서

30. 저보다 더 완벽하게 빨래 널기 도와주어서

31. 퇴근이 늦을 때면 아이들 저녁 챙겨주어서

32. 일주일에 한 번씩 대전으로 출근하는 수고를 잘 견뎌주어서

33. 하은이, 하민이 교육하는 데 의견이 달라도 믿고 지켜봐주어서

34. 가끔씩 거실 청소로 쾌적한 환경을 만들어주어서

35. 불량주부를 대신해 종종 냉장고를 가득 채워주어서

36. 옷 사 입으라고 먼저 말해주어서

37. 많은 금액과 시간 투자가 필요한 서평교육 받는 거 흔쾌히 승낙해
    주어서

38. 엄마보다 아이들을 더 잘 재워주어서

39. 아침잠 많아 분주한 아침 등교, 등원 준비 도와주어서

40. 앞으로 아이들과 성경 읽기 동참해 주기로 약속해주어서

41. 특별 새벽예배 함께해주어서

42. 일정 있을 때 엄마 대신 하민이와 축구교실 함께 가주어서

43. 함부로 대하지 않고 존중해주어서

44. 늘 저의 이야기에 귀 기울여 주어서

45. 하은이가 친구들 데리고 올 때 손수 간식 만들어주고 세심하게 챙
    겨주어서

46. 결혼기념일 전날 잊지 않고 케이크 사 들고 와줘서

47. 하민이의 간식거리 살 때 엄마 것도 꼭 챙겨줘서

48. 아이들과 기부리딩 할 수 있도록 금전적으로 지원해주어서

49. 아이들 걱정 안 하고 편안하게 즐겁게 회식할 수 있도록 배려해주
    어서

50. 아이들 교육방법 중 책을 좋아하게 만든 것은 잘한 것이라 인정해
    주어서

정말 정말 감사합니다.

진심으로 사랑합니다. 그리고 존경합니다. 하나님, 50번째의 생일을
아이들과 축하할 수 있는 축복 누리게 하심을 감사합니다.

남편에게 보낸 〈50감사〉는 딸을 통해 내 생일에 〈43감사〉로 돌아왔
다. 부메랑처럼……

뇌가 좋아하는 방식으로
말을 건다

아들 : 근데 다 팔려서 없으면 어떡하지?

엄마 : 다른 문구점 가보면 되지.

아들 : 거기에도 없으면?

엄마 : 그럼 좀 더 큰 문구점에 가면 되지.

아들 : 그래도 없으면?

엄마 : 누나가 산 곳을 아니까 사장님한테 주문하면 되지.

아들 : 그래도…….

엄마 : 아들! 아직 문구점 한 군데도 안 가 봤어. 만약에 그런 상황

이 생긴다 해도 그건 엄마, 아빠가 고민할 일이지, 네가 지금부터 고민할 일이 아니야.

딸이 1박 2일 캠프 가고 없는 주말 저녁, 아들과 외식을 했다. 돌아오는 길에 선물 하나 사줄까 물었더니 누나와 똑같은 필통이 갖고 싶단다. 누나가 번호키 달린 필통을 만질 때면 부러운 눈으로 바라보던 것이 생각나 흔쾌히 사주겠노라 했다. 행복한 표정도 잠시, 아들은 행여나 똑같은 필통을 찾지 못할까 봐 전전긍긍이었다. 반복되는 아들의 걱정은 끝이 없었고 듣다 못한 나는 아들을 향해 소리를 지르고야 말았다. 최근 부쩍 부정적으로 생각하는 아들의 버릇을 끊어주고 싶었다. 이참에 긍정적인 생각 습관을 갖고 문제 해결에 집중할 수 있도록 해주자고 결심했다. 즐겨보던 드라마 시청도 포기하고 아들과 함께 네 군데의 대형 문구점을 샅샅이 뒤졌다. 아들 걱정대로 원하던 필통은 찾을 수 없었다. 동네 문구점을 다시 방문하여 예약주문을 했다. 이틀 뒤 아들은 새 필통을 들고 활짝 웃었다.

'걱정하지 마.', '고민할 필요 없어.'라고 소리친 것이 과연 일곱 살 아들의 걱정을 덜어주는 데 도움이 되었을까? 자신 없다. 자책감과 아들에 대한 미안함만이 남았다. 칭얼대는 녀석의 목소리가 듣기 싫어 짜증스러움을 쏟아버린 것일 뿐이었기에.

그렇다면 '걱정하지 마.'와 '고민하지 마.'는 왜 문제 해결에 도움이 안

그냥 평소처럼 말했을 뿐인데

된 걸까?

행위를 지시하는 말투는 행동을 이끌어내는 데는 별로 효과가 없기 때문이다. 뉴욕의 심리학자 R.S 심바로 박사는 약 60여 개의 단어를 암기하는 실험을 벌였다. 참가자 중 한 그룹에는 단어를 말하고 '잊어 달라'고 요청했다. 다른 그룹에는 반대로 '기억해 달라'고 부탁했다. 결과는 반대였다. '정확히 외워 달라'고 부탁받은 그룹은 60.6퍼센트만 기억했다. '잊어 달라'고 부탁받은 그룹은 64.8퍼센트 기억했다.

'해야 한다'는 지시를 받으면, 본래 하고 싶은 마음이 있었다고 하더라도 하고 싶은 생각이 사라진다. 반대로 '하지 말라'는 금지어를 들으면 부정적인 감정이 앞선다.

따라서 금지어나 행위 지시 말투보다는 대신 어떤 행동을 하거나 하지 않았을 때의 긍정적인 측면과 부정적인 측면에 대해서 언급하는 게 더욱 효과적이다. 타인의 강요에 의해서가 아니라 스스로 선택했을 때 행동의 지속성을 기대할 수 있기 때문이다. 예컨대 아이들에게 '동영상 보지 마.', '그렇게 매일 보면 인터넷 중독되는 거야.'라는 잔소리는 뇌의 특성을 전혀 모르고 하는 말이다. 대신 '동영상 시청하는 요일을 정할 건데 어느 요일이 좋을까?'라고 말투를 바꾸는 게 약이다. 나 역시 그렇게 말투를 바꾸었더니 아이들의 태도가 달라졌다. 두 아이 모두 수개월간 반발심 없이 스스로 정한 약속을 꾸준히 지키고 있다.

회사에서도 마찬가지다. '~를 해.'라는 무미건조한 지시의 말투는 원하는 성과를 얻는 데 하등 도움이 못 된다. 대신 업무의 중요성과 상대의 업무성과와 연계하여 신뢰의 말을 전해야 한다. 자신의 능력을 인정받은 부하 직원은 야근을 감수하고서라도 최선을 다해 몰입할 것이다. 업무 의욕이 낮은 직원에게는 선택의 기회를 제공하라. 두 가지 업무 중에서 어느 것을 맡을 것인지 선택하게 하는 것 또한 동기 부여가 된다.

∶ 말이 현실이 되는 건 뇌의 특성 때문 ∶

'걱정하지 마.'와 '고민하지 마.'가 지닌 문제는 또 있다.

신경언어학을 창시한 알프레드 코르칩스키(Alfred Korzybski)는 우리가 문장을 이해하기 전에 개별 단어들을 먼저 이해하는 현상을 '의미론적 반응'이라 불렀다. 예컨대 내가 아들에게 '걱정하지 마.'라고 말했을 때 아들의 뇌는 '걱정하지 않아도 되는구나.'라고 반응하는 게 아니라 '걱정'이라는 단어에 더 먼저 반응하여 도리어 '걱정'에 사로잡힌다.

이 말은 뇌가 말을 끝까지 들을 준비가 되어 있지 않고 먼저 반응하며, 그 반응이 매우 영향력이 크다는 뜻이다. 그러므로 말을 가려서 하지 않는다면 우리의 의도와 다르게 우리는 아이에게 나쁜 거름을

그냥 평소처럼 말했을 뿐인데

뿌리고 있는 것일지도 모른다.

심지어 뇌는 상상과 현실을 구분하지 못하는 특성도 갖고 있다. 베트남 전쟁 당시 7년간 포로가 된 미군이 있었다. 그는 감옥에 수용되어 살아가면서 매일 골프 치는 상상을 했다. 그리고 미국으로 돌아온 후 싱글골퍼가 되었다. 뇌가 상상을 실제와 동일시했기 때문에 벌어지는 현상이다.

말은 상상과 실제 가운데 어느 쪽에 가까울까? 당연하게도 상상이다. 말은 상상력을 불러일으키는 수단이지 실제가 아니다. 우리가 '사과'라고 말하면 실제 사과가 눈앞에 나타나는 게 아니라 '사과'라는 단어를 들은 사람의 머릿속에 사과가 상상된다. 달리 말해, 말 역시 상상력처럼 뇌에 실제로 다가가게 된다.

2009년 한글날 특집으로 MBC에서 방영한 프로그램이 있다. 이 프로그램에는 실험 의도를 모르는 20대 피실험자들이 등장한다. 연구진은 '노인'을 상징하는 단어를 보여주는데 이를 본 피실험자들은 걸음 속도가 2.32초 늦어졌다. 반면 '젊음'을 상징하는 단어를 본 사람들의 걸음걸이는 2.46초 빨라졌다. 말이 생각을 지배하고 행동을 통제함을 보여준 실험이다. 사람이 무엇인가를 상상하거나 이를 언어로 표현하면 뇌는 실제로 그 일을 할 때 이용하는 신경회로를 만든다.

그러므로 자녀와 대화할 때는 반드시 써야 할 단어와 쓰지 말아야 할 단어를 구분해야 하고, 행동에 긍정적 영향을 끼칠 수 있는 방식으로 말하도록 노력해야 한다. 지시하는 말투가 아니라 예상되는 결과를 예측해주는 구체적이며 긍정적인 말투가 필요한 이유다.

입꼬리만 올려도 몸은 웃는다고 인식한다. 실제 감정이 즐겁지 않지만 억지로라도 웃으면 뇌는 즐거운 일이 있었던 것처럼 착각한다. 거짓 웃음이라도 지속하면 엔돌핀을 분비해 기분이 좋아진다. 그뿐인가? 미남미녀가 아니라도 뇌는 웃는 얼굴을 매력적인 얼굴로 인식한다. 무표정하고 어두운 얼굴로 이야기하는 사람보다는 웃는 얼굴로 밝게 말하는 사람에게 호감을 느끼는 건 당연하다.

마찬가지로 자녀의 뇌는 당신의 달라진 말투에 긍정적으로 반응할 것이고, 그러면 자녀의 몸은 잠재력을 끌어올려 최대한의 능력을 발휘하게 된다.

참, 그러면 나는 일곱 살 아들에게 어떻게 이야기를 해주었어야 할까?

"그래도 없으면 어떡하지?"

이럴 때는 '하민이가 그 필통이 정말 갖고 싶었구나.'라고 감정을 먼저 읽어주거나 혹은 '엄마와 함께 찾아보자.', '어디에 가면 똑같은 디자인을 찾을 수 있을까?'라고 감정의 방향을 잡아주어야 했다.

그냥 평소처럼 말했을 뿐인데

오늘 나의 말투가
자녀의 내일을 바꾼다

'한 아이를 키우려면 온 마을이 필요하다.' 아프리카 속담이다.

이 말에 절대 공감하는 직장동료들과 '학부모 품앗이'를 만들었다. 대부분 워킹맘이라 점심시간을 쪼개어 만난다. 아이디어를 모으고 주말이나 방학을 이용해 자녀들을 직장으로 초대한다. 부모와 자녀가 함께 자원활동가가 되어 소통하는 '성장 프로젝트'다. 작년에 이어 올해도 8월 첫째 주 토요일 한자리에 모였다. 111년 만에 찾아온 폭염과 극성수기보다 더 뜨거운 열혈가족이다. 40도를 넘나드는 무더위를 이겨내고 청소년과 부모가 30명 넘게 모였다. 봉사활동 프로그램에 참여한 아이들의 모습 속에서 5년 후, 10년 후의 모습을 그려 본다. 아이들의 표정과 눈빛, 행동, 말투 속에서 부모의 모습이 비친다. 평소 부러워했던 동료의 장점을 고스란히 물려받은 아이들을 발견하는 것은 색다른 즐거움이자 도전이다. 아이에게 바라는 모습은 말로 주문하는 게 아니라 부모가 직접 보여주는 것임을 새삼 깨닫게 된다.

이날 모인 부모들은 공통점을 갖고 있다. 현재의 모습에 한숨과 푸념을 늘어놓으며 낙담하지 않는다. 작은 것에도 감사할 줄 알고 미래를 꿈꾸는 말투를 사용한다. 말만이 아닌 행동으로 실천한다. 꼬박 8시간 아이들과 함께 땀 흘린 것도 모자라 끝까지 남아 뒷정리를 돕는다. 그들은 하나같이 겸손과 배려의 말투, 긍정의 말투를 사용하고 있었다.

"제가 더 도울 일은 없나요?"

"이렇게 준비하느라 정말 고생이 많으셨겠어요!"

"드디어 우리가 또 큰일을 해냈군요!"

"언제든 말씀만 하세요."

이렇게 말하는 부모 곁에는 배려하고 인내하는 자녀들이 있다. 말끔하게 뒷정리를 돕는가 하면 조용히 책을 읽으며 엄마가 청소 마치기를 기다린다. 서로를 북돋워 주고 배려하는 말투가 가득한 모임이기에 아이도 부모도 함께 성장한다.

모든 부모는 자녀의 성공을 바란다. 성공의 잣대는 각자의 가치관에 따라 다르겠지만 나보다 나은 삶을 살기를 기대한다. 나아가 나눔을 베풀 줄 아는 큰 그릇이 되길 기도한다. 그 바람의 마음을 담아 부모의 뜻을 힘써 전한다. 때로는 고장 난 라디오처럼 같은 말을 반복하기도 한다. 그만큼 중요하다고 생각하기 때문에 포기하지 않고 되풀이한다.

그러나 반복되는 말이 즐거움보다는 힘겨움으로 다가온다면, 혹은 자녀와의 거리가 가까워지기보다 멀어진다고 느껴진다면 자신의 말투를 점검해 보아야 한다. 과연 내가 즐겨 사용하는 말투가 아이의 건강한 성장을 돕고 있는가? 꼭 필요한 말을 하고 있는가? 잘 심은 말씨가 될 것인지, 쏟아 붓는 잔소리가 될 것인지는 내가 사용하고 있는 사소한 말투에 달려 있다.

: 잭 웰치를 만든 어머니의 긍정 말투 :

어린 시절 심하게 말을 더듬어 대인기피증 증세를 보이는 아이가 있었다. 그의 어머니는 말을 더듬는 아들에게 짜증을 내거나 무시하는 말을 하지 않았다. 대신 아들의 단점을 장점으로 표현해주었다.

"너는 두뇌 회전이 빠르기 때문에 혀가 따라가지 못하는 거란다. 넌 누구보다도 똑똑해. 꾸준히 말하기 연습을 하면 네가 생각하는 것보다 더 멋지게 말할 수 있을 거야."

그 아들은 자라서 매사추세츠 대학을 수석으로 졸업하고 1960년 다국적 기업인 제너럴일렉트릭(GE)에 입사했다. 33세에 GE 역사상 가장 젊은 사업담당 총괄 관리자가 된 그는 1981년에 최연소 최고경영자의 자리에 올랐다. 그가 바로 시장가치 120억 달러에 불과했던 GE를 4천 5백억 달러 규모로 발전시킨 잭 웰치(Jack Welch)다. 어머니인 그레이스의 긍정 말투가 잭 웰치를 세계적 기업인으로 만들 수 있었다.

타인의 기대나 관심으로 능률이 오르거나 결과가 좋아지는 현상을 심리학에서는 피그말리온 효과(Pygmalion effect)라고 부른다. 하버드 대학교 심리학과 교수였던 로버트 로젠탈(Robert Rosenthal) 박사와 미국의 초등학교 교장을 지낸 레노어 제이콥슨(Lenore Jacobson) 박사는, 1964년 미국 샌프란시스코의 한 초등학교에서 학생들과 교사를 대상으로 실험을 벌였다. 우선 전교생을 대상으로 지능검사를 시행했다. 두 박사는 검사 결과와 상관없이 무작위로 학생을 선발한 뒤 해당 명단을 담임교사들에게 전달해 주며 이렇게 말했다. "지적 능력이나 학업성취의 향상 가능성이 높은 학생들입니다." 물론 거짓말이었다. 그러나 교사들은 의심하지 않았다. 수개월 후 동일한 지능검사를 다시 실시했다. 결과가 어떻게 되었을까? 이 아이들은 IQ가 무려 24점

그냥 평소처럼 말했을 뿐인데

이나 올랐고 학교 성적 또한 향상되었다. 교사의 의식적, 무의식적 관심과 기대가 학생들에게 전달된 것이다. 교사의 기대와 태도를 의식한 학생들은 달라졌다.

위대한 사람에게는 그를 믿어준 사람이 있다. 부모가 기대를 걸면 아이들은 기대에 부응하려고 노력한다. 부모는 무한 신뢰로 아이들을 올바른 길로 안내해야 한다. 조급한 마음만 앞서 충고라는 명분으로 사용했던 나무라고 윽박지르는 말투, 참견하는 말투는 떨쳐 버리자. 내 욕심을 채우기 위한 것이 아닌 자녀의 올바른 성장을 위해 잭 웰치의 어머니인 그레이스의 말투를 따라 해보자.

성공한 사람들의 공통점은 긍정적인 말투를 쓴다는 것이다. 당신 자신은 물론 자녀가 성공하길 바라는가? 오늘부터 아이의 단점을 장점으로 표현하는 긍정의 말투를 사용하자. 자녀들은 부모의 '말이 아니라 '행동(말투)'을 따라 한다.

듀크 연구소의 연구에 따르면 우리가 매일 하는 행동의 45퍼센트는 무의식적인 습관에 의한 것이라고 한다. 오늘 나의 말투가 나의 살아온 과거를 보여주는 말 습관이다. 말투는 선천적으로 타고난 기질은 물론 자라온 환경의 영향을 받는다. 부모를 비롯해 자녀, 친구, 선생님, 직장동료 등 가깝게 지내는 이들에게 영향을 받기도, 주기도 한다. 자녀의 말투에 귀 기울여 보라. 나의 말투가 복제되어 아이가 습관적으로 사용하고 있지 않은가? 그중 귀에 거슬리는 말투가 있는가? 악습이 대물림되는 것을 끊고 싶다면 매번 일일이 지적하느라 에너지 낭비하지 말고 나부터 고치자.

아이에게 직접 물어보자. 자녀가 행복한 추억으로 간직하고 있는 말이 무엇인지 물어보자. 상처 입히고 마음 아프게 한 말이 무엇인지 확인하자.

"엄마, 저는 엄마가 동생과 비교하는 말을 하실 때 기분이 안 좋아요."

딸아이의 말이다.

비교가 아이들에게 미치는 부정적인 영향에 대해 몰라서 저지른 실수가 아니다. 습관적으로 비교하는 습관이 말이 되어 툭 튀어나온다. 상처가 아물지 않고 자녀의 가슴 속에 응어리져 있다면 그게 바로 해서는 안 될 말실수다. 문제는 정작 내뱉은 부모는 기억하지도 못하는 경우가 허다하다는 사실. 나의 말실수에 대해 진심으로 사과하고 고치겠다고 약속하라. 완벽한 부모는 될 수 없지만 노력하는 부모, 성장하는 부모는 될 수 있다. 나쁜 습관을 줄이고 좋은 습관을 늘려 가면 자녀와의 대화가 훨씬 행복해진다. 자연스레 아이도 좋은 말 습관이 늘어날 것이다.

"그럼 용기 내서 한번 도전해 볼까?"

"엄마는 널 믿어. 네 꿈을 응원한단다."

"괜찮아, 끝까지 최선을 다한 넌 정말 훌륭해!"

그냥 평소처럼 말했을 뿐인데

"기다릴게. 도움 필요하면 말하렴."

세상 누구보다 소중한 나의 가족에게
긍정의 언어를 쓰기로 작정한 나는, 구체적인 방법이 필요했다.
어떻게 하면 아이들과 혹은 남편과
효율적인 방식으로 긍정의 언어를 나눌 수 있을까?
5장의 내용들은 배우고 실천하는 실전 방법들이다.

5장

자녀와 대화하는
5가지 방법

'왜'라고 묻지 말고
'어떻게'를 말한다

"도대체 왜 넌 머리카락 자르길 싫어하니? 금방 또 기를 텐데."

"넌 덥지도 않니? 엄마는 보는 것만으로도 덥다. 머리카락 당장 안 묶을 거면 잘라!"

"나이가 몇 살인데 왜 엄마가 샴푸를 도와줘야 하니? 이번 주말에는 꼭 미용실 가서 머리카락 잘라. 왜? 싫어? 대답해!"

딸의 엉킨 머리카락을 빗길 때나 피곤한 저녁 샴푸를 해 줄 때면 습관처럼 잔소리가 절로 나온다. 긴 머리카락을 자르기 싫어하는 딸의 고집을 꺾지 못해 일 년 넘게 같은 상황만 반복하고 있다. 짜증스런 말

그냥 평소처럼 말했을 뿐인데

투에 서로 기분만 상할 뿐 아무것도 해결되는 건 없다.

"엄마는 긴 머리카락이 좋아? 짧은 머리카락이 좋아?" 여유로운 주일 아침 교회 갈 준비를 하던 딸이 물었다.

"엄마도 하은이처럼 긴 머리카락이 좋아. 하은아, 이번 크리스마스 선물로 가발이 필요한 친구나 동생들에게 하은이의 예쁘고 건강한 머리카락을 기부하면 어떨까? 독한 항암제를 맞으면서 소아암 치료를 받는 것만큼이나 머리카락이 빠진 모습을 보는 건 힘들 거야. 하은이는 머리숱도 많고 염색이나 퍼머도 안 한 건강한 모발을 갖고 있잖아. 친구들에게 예쁜 가발을 만들어 줄 수 있도록 기부하면 어때?"

'왜 긴 머리카락을 고집하냐?', '그까짓 머리카락이 뭐 대단하다고.' 하며 무시하는 말투를 버렸다. 대신 생머리카락을 길게 늘어뜨린 스타일을 좋아하는 딸의 마음을 공감해주었다. 엄마의 잔소리에도 그토록 애지중지 지켜왔던 아이의 굳은 마음이 움직였다. 머리카락이 가치 있게 쓰일 수 있음을 알려 준 것이 도움이 되었다. 기온이 영하로 떨어진 주말, 딸의 손을 꼭 잡고 미용실로 향했다. 순식간에 휑해진 목덜미를 목도리로 감싸주며 기특한 결심과 실천을 칭찬해주었다. 억지로 잘랐다면 원망 섞인 눈물을 흘렸을 텐데 자신이 결정했기에 아쉬움을 뿌듯함으로 달래는 딸의 입가엔 멋쩍은 미소가 비쳤다.

"넌 기특하게 이쁘게 기른 머리카락을 기부했다고 해서 제 머리띠를 선물로 주었습니다."

"단발머리로 와서 깜짝 놀랐습니다. 어떻게 머리카락을 기부할 생각을⋯⋯ 대단하세요."

생각지도 않은 학원 선생님들의 문자를 통해 '왜'를 '어떻게'로 바꿔 말하는 것이 얼마나 중요한지 깨달았다.

: 너무 많은 '왜' :

우리 가정에 얼마나 많은 '왜'가 사는지 우리는 간혹 잊는 것 같다.

왜 못해?⋯ 왜 안 해?⋯ 왜 숙제를 안 했어?⋯ 왜 틀렸어?⋯ 왜 이것도 혼자서 못해?⋯ 왜 동생과 싸워?⋯

자녀가 부모의 기대치에 못 미칠 때마다 또 하나의 '왜'가 탄생한다. 비난과 질책이 섞인 부모의 말투에 아이가 순종하기를 기대하기는 힘들다. 아이가 궁색한 변명을 찾거나 퉁명스럽게 핑계를 늘어놓으며 책임을 회피하려 하면 부모는 화를 참지 못하고, 마침내 자녀는 부모와의 소통을 거부하게 된다.

자녀와의 관계가 아니어도 우리는 일상에서 자주 '왜'를 소환한다.

"왜 하필 나에게 이런 일이 생긴 걸까?"

"왜 난 하는 일마다 이렇게 어긋나는 걸까?"

"왜 굳이 내가 해야 하지?"

"왜 내 맘을 몰라주는 거지?"

그러나 이런 '왜' 타령은 결코 문제를 해결해 주지 못한다. 생각을 거듭할수록 엄습하는 우울과 좌절감은 일상을 무력하게 만든다. 통제 불가능한 외부의 탓으로 돌리기 때문에 해결책을 찾기도 어렵다.

그러나 '어떻게'로 바꾸면 조금 숨통이 트인다.

"이 문제를 어떻게 해결할 수 있을까?"

"어떻게 도움을 받을 수 있을까?"

"어떻게 설득할 수 있을까?"

일단 '왜'를 버리고 '어떻게'로 바꿔 말하면 뇌는 길을 찾기 시작한다. 왜냐하면 '왜'라는 질문은 안 되는 이유에 초점을 두지만 '어떻게'라는 질문에는 해결을 탐색하는 힘이 있기 때문이다.

똑같은 상황이라고 할지라도 '왜'라고 묻는 사람과 '어떻게'를 말하는 사람 사이에는 뛰어넘기 힘든 큰 차이가 있다.

사람은 '왜'를 말하기 쉬운 동물이지만 동시에 '어떻게'일 때 귀를 여는 동물이다. 자녀가 자존감 높은 아이로 성장하도록 도우려면 '왜'라는 말은 주머니에 그대로 넣어두자. 똑같은 실수를 반복하지 않도록 하려면 '어떻게'를 말하며 스스로 방법을 찾도록 돕자.

'왜' 대신 '어떻게'로 바꾸는 것은 꼭 자녀와의 대화에서만 필요한 건 아니다. 부부 사이에도 '왜'라는 질문을 '어떻게'로 바꾸면 말다툼이 줄어든다. '당신, 요즘 왜 퇴근이 늦어?', '당신은 왜 아이들 교육에 관심이 없어요?'라는 질문의 의도는 상대방을 걱정하거나 궁금해서가 아니다. 맘에 들지 않는 상대방의 태도에 대한 지적이다. 상대를 배려하지 않은 말투에 감정이 상하거나 오해가 생긴다. 대신 이렇게 바꿔보자.

"당신 요즘 퇴근이 늦어 아이들이 간식을 먹어 저녁을 잘 안 먹는데 어떻게 하면 좋을까?"

"이번 방학 계획은 어떻게 세우면 좋을까요?"

서로가 기분 상하지 않고 문제의 핵심을 찾아 함께 방법을 모색할 수 있다. '왜'로 시작하는 질문이 내가 하고 싶은 말을 하는 방식이라면 '어떻게' 질문법은 상대의 의견을 들을 준비를 하는 방법이다. '어떻게'로 물을 때 당신이 원하는 답을 얻을 확률이 높아질 수 있음을 기억하자.

"제발 가지 마세요. 아무것도 묻지 않고 원망도 안 할게요."

"난 네 아빠가 아니다. 아기 때 버렸고, 키우지도 않았다. 찾지도 않았는데 어떻게 아빠냐? 그건 아빠가 아니다."

"달라지는 건 없어요. 평생 강 기사님이라 불러도 좋아요. 유일한 혈육으로서 지금처럼 곁에서 지켜봐 주세요."

40퍼센트를 웃도는 시청률을 기록한 주말드라마 〈하나뿐인 내 편〉의 대사이다. 주인공이 시댁에서 일하는 운전기사가 자신의 친아버지라는 사실을 알게 되자 황급히 떠나는 아버지를 붙잡는 장면이다. 죽

그냥 평소처럼 말했을 뿐인데

은 줄로만 알고 있던 친부가 갑작스럽게 나타났고 자신의 주변에서 지켜보면서도 밝히지 않았던 이유를 묻지 않는다. 대신 아빠의 상처를 모르는 척하겠다고 스스로 다짐한다. '왜'라고 묻고 싶은 마음을 접어두고 '어떻게' 대처할 것인가에 초점을 맞추자 아버지도 더 이상 떠나려 하지 않는다. 딸의 곁에서 자신만이 할 수 있는 방법으로 딸을 돕는다.

상대를 배려하고 상대와 긍정적인 방향으로 문제를 해결하고자 한다면 '왜'라는 질문을 바꿔 말해보자. '어떻게 하고 싶은지', '어떻게 해줄 수 있는지' 말하는 가운데 서로의 마음이 열리고 가까워짐을 경험할 것이다.

칭찬은 단백질이다

어린이집에서는 월요일마다 '주말 지낸 이야기'란 프로그램이 진행된다. 선생님은 아이들이 주말 동안 가족과 함께한 경험을 나누며 발표력과 경청능력을 키우도록 돕는다. 이를 위해 엄마는 인증샷을 찍고 선생님께 전달해야 한다. 몇 해 전 주일 저녁, 사진 안 찍은 게 생각나 다듬고 있던 멸치를 아들 손에 쥐어주었다.

"이 멸치 봐봐. 엄청 크지? 이렇게 몸통만 분리해 두었다가 요리할 때 넣을 거야."

신기해서 쳐다보는 아들의 표정을 재빠르게 사진으로 남겼다. 미션

그냥 평소처럼 말했을 뿐인데

을 마치고 나서도 새로운 놀잇감을 발견한 듯 아들은 자리 잡고 앉아 끈기 있게 멸치를 다듬었다. 야무지게 손질하는 고사리손이 귀여워 칭찬을 듬뿍해 주었다.

"와, 하민이가 도와주니까 이 많은 멸치를 벌써 다 손질했네. 고마워. 엄마 혼자 했으면 아직도 멀었을 거야. 도와줘서 엄마에게 큰 힘이 되었어." 진심 어린 칭찬에 아들은 우쭐해하며 좋아했었다.

한 번씩 멸치를 손질해 냉동 보관하면 수개월간 손쉽게 육수를 우려낼 수 있다. 오늘이 바로 멸치 손질하는 날. 한꺼번에 손질하려니 양이 만만치 않다. 한숨이 절로 나온다. 그때 아들이 쏜살같이 달려온다. "엄마, 우리가 도와줘야 빨리할 수 있죠? 누나 빨리 나와!" 그리고 꼬박 한 시간 넘도록 진득하게 자리를 지킨다. 엄마의 칭찬 한마디에 자발적으로 도와주는 아이로 성장한다.

딸이 초등학교 1학년 때 운율에 맞춰 읽는 동시가 재미있었는지 종이에 끼적이기 시작했다. "엄마, 내가 쓴 건데 한번 들어 보세요." 하며 즐겁게 낭송하더니 시인이 되고 싶다고 한다. 전혀 생각해보지 않았던 길이라 당황스러웠지만 아이가 처음으로 꿈을 이야기하는 순간이라 축하해 주었다.

"그래? 꿈이 생겼다니 정말 축하해. 오늘부터 엄마는 하은이가 쓴 시를 잘 보관했다가 나중에 시집을 내줘야겠네. 그리고 도서관에서 책도 많이 빌려다 줘야겠구나. 책을 많이 읽어야 좋은 시를 쓸 수 있을 테니까."

며칠 뒤 아이가 컴퓨터에 이런 글을 적었다.

> 나는 시인이 되고 싶어. 시인은 책도 많이 읽어야 하는데 나는 책을 많이 읽어. 그래야지만 멋진 시인이 될 수 있거든. 시로 내 마음이나 경험을 자유롭게 표현해서 나만의 자유로운 나라를 생성할 거야. 나는 시인이 꼭 되고 싶어요.

그날 밤 딸을 꼭 껴안고 이야기해주었다.

"멋진데! 꿈은 커가면서 변할 수 있는 거라서 마음이 바뀌어도 괜찮아. 꿈이 변하게 되면 이야기해줘. 어떤 꿈이든 엄마는 네 꿈을 위해서 기도하며 응원할 거니까."

2년이 지난 지금 딸은 독서는 물론 1년간 60여 편의 글을 쓰면서 꼬마작가로 성장하고 있다.

부모의 말은 아이들의 잠재력을 끌어올리고 행동을 변화시킨다. 자녀에 대한 긍정의 말, 칭찬의 말이 자녀를 발전적 방향으로 성장하게 이끌어 준다. '너라면 할 수 있어.', '함께해 보자.'라고 말하는 부모가 되자. 아이의 뇌가 세상을 긍정적으로 인식하고 자신감과 의욕을 갖게 된다. 부모의 신뢰가 담긴 말에 자녀는 없던 능력도 발휘한다.

아이가 학년이 올라갈수록 노력과 과정에 대한 칭찬보다는 성적과

그냥 평소처럼 말했을 뿐인데

결과에 대한 잔소리가 늘게 마련이다. 특히 사춘기 자녀와 갈등이 고조되는 최악의 상황에서는 결코 해서는 안 되는 말이 있는데 이를 제어하지 못하고 내뱉을 때 불상사가 벌어진다. 머리로는 분명 이렇게 말하면 안 된다고 잘 알고 있지만 의도치 않게 상처 주는 말이 툭툭 튀어나온다. 감정 제어에 실패, 뱃속 깊숙이 숨은 화가 솟구치면 말은 거칠어지고 자녀는 자존심에 상처를 입는다. 그러나 정작 부모 자신은 자기가 내뱉는 말이 아이에게 어떻게 들리는지 깨닫지 못한다.

세 치 혀에서 나오는 말이 가진 힘은 강력하다. 사람을 살리기도 하고 죽이기도 한다. 오늘 자녀를 향해 무심코 내뱉은 말이 축복의 말이었는지, 아니면 저주의 말이었는지 되돌아보자.

: 부정적 말은 뇌를 위축시킨다 :

부정적이고 거친 말투는 자녀의 뇌를 망친다. '아동학대를 당한 아이의 뇌가 30% 이상 축소되어 있다. 언어폭력에 노출된 학생의 뇌량과 해마가 눈에 띄게 위축되었다.'는 실험 결과는 많은 뇌 과학자들에 의해 입증된 바 있다. 해마는 학습과 기억에 관여하며 감정을 조절하는 기능이 있다. 언어폭력은 해마를 손상시키고, 스트레스 호르몬인 코르티솔 분비를 촉진시킨다. 부모의 언어폭력은 자녀의 학습 능력을 떨어뜨리고 우울, 불안 등 정서적 불균형을 일으킨다. 잘 되길 바라는 마음에 쉴 새 없는 내뱉는 부모의 잔소리가 자녀의 뇌에 오히려 독이 될 수 있음을 명심하자.

교육부의 '2018년 1차 학교폭력 실태조사'에 따르면 학교폭력을 당한 학생들의 70퍼센트가 초등학생이라고 한다. 이 중 언어폭력이 34.7퍼센트로 가장 높았으며 최근 2년 대비 다른 학교폭력 유형보다 큰 폭으로 증가했다. 그런데 가해 학생들은 도대체 어디서 이런 폭력적 언사를 배웠을까? 부모의 언어폭력에 노출되어 상처 입은 아이가 언어폭력의 가해자가 될 가능성이 높단다.

"일어나라고 몇 번 얘기해야 하니? 어제 또 늦게까지 게임 했지? 그렇게 공부해서 지방대학이나 가겠어?"

"이걸 점수라고 받았니? 학원비가 아깝다."

"책상이 이렇게 지저분해서 공부가 잘 되겠니?"

"너 바보야? 말귀를 못 알아들어?"

무시하고 비난하며 윽박지르는 말투는, 영국의 철학자 존 오스틴이 했던 말처럼 주먹을 날리는 행위와 같다.

2015년 국립국어원의 〈국어정책통계연감〉에 따르면 자녀들이 가정에서 듣고 싶은 말 1위는 노력에 대한 칭찬(52퍼센트)이다. 이어 행동에 대한 칭찬(26.5퍼센트), 성적에 대한 칭찬(10퍼센트)을 듣고 싶어 한다. 반면 가장 듣기 싫은 말은 '다른 사람과 비교하는 말'로 46퍼센트를 차지한다.

영국의 심리학자 J. 하드필드 박사는 〈힘의 심리〉라는 저서에서 '넌 틀렸어. 이젠 끝났어.'라고 말할 때 본인이 가진 능력의 30%밖에 발휘할 수 없는 반면 '넌 할 수 있어.', '넌 특별한 사람이야.'라고 자신감을 줄 때, 능력의 500%까지 발휘할 수 있다고 말한다.

행복하고 자신감 넘치는 아이로 성장하길 바란다면 내뱉고 싶은 말이 아닌, 아이가 듣고 싶은 말을 하는 부모가 되어야 한다. 내 아이의 잠재력을 깨우기 위해서 작은 변화라도 알아주고 크게 칭찬하자.

"괜찮아. 네가 최선을 다했으니 충분해."

"다음엔 더 잘할 수 있을 거야."

"엄마는 네가 참 자랑스러워."

"장하다."

포스코 사보에는 2013년 한 해 동안 무려 총 31건의 제안과 6건의 우수제안으로 제안왕이 된 사원의 이야기가 실려 있다. 작업자 평균 제안 건수가 6.2건이라 하니 엄청난 실적이다. 평범한 사원을 제안왕으로 만든 원동력은 선임 주임의 한마디 말이었다고 한다. "아무개야, 저거 왜 저러는지 알겠니? 너라면 해결할 수 있을 것 같다."라는 기대와 신뢰가 담긴 격려의 말이 그것이었다(POSCO NEWSROOM 2014년 3월 4일).

프랑스 엄마처럼
감정 빼고 야단치기

평범한 사람들의 진솔한 이야기를 담은 〈인간극장〉은 즐겨보는 텔레비전 프로그램이다. 환경과 삶의 방식이 다른 다양한 가족의 특별한 이야기는 늘 잔잔한 감동을 안겨주고 삶에 대한 의욕을 불러일으킨다. 다자녀 가족 이야기 속에는 남다른 부모의 교육 철학, 형제간의 돈독한 우애와 질서가 담겨 있다. '가지 많은 나무 바람 잘 날 없다'는 속담처럼 예측하기 어려운 사건이 펼쳐지지만 그래도 딱 하나 없는 게 있다. 고장 난 라디오처럼 잔소리하는 부모의 모습이다. 아침저녁으로, 마음의 여유가 없을 때면 특히나 성질을 못 죽이고 이웃집을 의식

그냥 평소처럼 말했을 뿐인데

하면서도 버럭 고함을 치며 후회하는 여느 부모는 〈인간극장〉에 없다. 결코 평범하지 않은, 특별한 일상이다.

2014년 11월에 방송되었던 EBS 다큐프라임 가족쇼크 5부에서는 프랑스 부모들과 한국 부모들의 육아 방식을 비교하는 콘텐츠가 담겨 있었다. 프랑스 부모들의 양육 방식은 우리가 흔히 접하는 상황과 달랐다. 인터뷰에 응한 프랑스 어머니들은 육아 스트레스가 없다고 답한다. 그들은 아이를 존중하고 그래서 기다려준다. 아이 스스로 성취감을 느낄 수 있도록 경험의 기회를 제공하며 스스로 할 수 있는 일이라면 절대 거들지 않는다. 대신 정해진 규칙을 어길 때만 개입하는데 이때 프랑스 엄마들은 감정기 싹 뺀 채로 단호하고 엄격하게 훈육한다.

가천대학교 세살마을 연구소는, 그렇다면 프랑스 엄마들이 양육의 주체인 엄마로서 얼마나 자긍심이 높은지 연구했다. 연구결과, 자신의 훈육 방식에 대한 자신감이 있고 일관성을 유지하는 프랑스인들이 한국인들보다 양육효능감은 높게, 양육불안은 낮게 측정되었다. 쉽게 말해 '나는 아이를 잘 기르고 있다고 믿고 있고, 아이가 혹시 잘 자라지 못할지에 대한 불안감이 적었다'는 말이다.

자녀를 독립된 인격체로 존중하며 최대한 자율성을 허용하되 약속된 규칙은 엄격하게 지키는 프랑스 어머니의 말 습관을 배워보자.

❶ 화를 제어한다.

화난 목소리로 나무라는 것은 얼핏 보기엔 효과적인 것 같지만 아이의 행동에 아무런 변화를 가져오지 못하는 잔소리에 불과하다. 자칫하면 실언의 확률이 높다. 화가 나면 소리 질러도 된다고 가르치는 것과 다를 바 없다. 화가 날 때는 물을 마시거나 마음속으로 숫자를 세자.

자녀를 훌륭하게 키운 부모, 특히 어머니들은 공통적으로 긍정적인 말로 자녀와 대화한다. 이를 위해 그들은 화가 날 때면 찬물을 들이키며 순간을 참았다고 한다. 정수기 앞에 '화를 다스릴 때 사용하는' 전용 컵을 준비해 두는 것도 좋은 방법 같다. 소리치고 싶을 때면 조용히 일어나 물을 마신다. 적어도 물을 마실 때는 화를 낼 수가 없다. 화난 감정이 누그러지면 대화를 시작하자.

❷ 단호한 목소리로 말한다.

단호한 목소리란 큰 소리가 아니다. 절대 감정을 싣지 말고 단호하게 말한다. 아이가 이해할 수 있도록 구체적이고 짧은 명령의 말투가 적당하다.

"어제 책상 치우라고 했지. 언제까지 잔소리해야 하니?" (×)

"아직 책상 정리를 안 했구나. 20분 뒤에 확인할 테니 지금 당장 치우렴." (○)

(화난 목소리로) "대체 몇 시간째 텔레비전을 보고 있는 거야? 언제 자려고 그래?" (×)

(낮고 단호한 목소리로) "잘 시간이야. 당장 텔레비전 끄고 들어가." (○)

❸ 자녀와 함께 규칙을 만든다.

규칙을 정하면 한결 수월하다. '된다, 안 된다' 실랑이 벌일 필요 없이 규칙에 대해 주지시키면 된다. 규칙을 세울 때 두세 가지 중 선택할 수 있도록 기회를 준다. 스스로 결정한 만큼 아이는 약속을 보다 적극적으로 지킨다.

"안 돼! 인터넷 강의는 빼먹으면서도 게임 동영상은 매일 본다는 소리가 나와?" (×)

"다음 달부터는 인터넷 동영상은 일주일에 하루만 봐야 해. 원하는 요일을 선택하렴." (○)

❹ 규칙은 꾸준하고 일관성 있게 적용한다.

꾸준히 지속한다는 것은 규칙을 정하는 것만큼 중요하고 어렵다. 이를 위해 부모는 각별히 신경 써야 한다. 합당한 이유 없이 부모가 일할 때나 쉴 때 방해받지 않기 위해 규칙을 지키지 않고 허용하면 그 규칙은 지속하기 어렵다. '알았어. 이번만이야!'라는 말로 타협하지 말자.

"엄만 나쁜 엄마야.", "엄마 미워!"

자신이 원하는 바를 들어주지 않으면 레퍼토리처럼 아이들 입에서 흘러나오는 말이다. 상심하고 토라지는 모습과 함께 귓가에 들려오는 말은 같은 말일지라도 엄마의 감정상태에 따라 다르게 다가온다. '이번에야말로 버릇을 고치겠노라.' 다짐할 때도 있지만 '피곤해서, 바빠서' 등의 핑계를 대며 '알았어. 이번만이야! 다음엔 절대 없어.'라고 한 걸음 물러서고 싶은 유혹이 생길 때도 있다.

아이들은 일관성 있는 엄마를 더 좋아한다는 것을 기억하자. 아이가 반항할 때 주저하지 말고 단호하고 일관되게 말해야 한다. 아이가 이해할 수 있도록 간결하고 쉬운 단어를 사용하자. 허공에 고함치지 말고 아이의 눈을 바라보면서 짧은 문장으로 또박또박 이야기한다. 또한 침착함을 잃지 않는다.

❺ 〈설명(안내)-반복-경고-결과(벌)〉의 4단계 대화법으로 이야기한다.

지젤 조르주·샤를 브뤼모가 쓴 〈프랑스 엄마처럼 똑똑하게 야단쳐

그냥 평소처럼 말했을 뿐인데

라)에서는 규칙을 실천하는 데 유용한 4단계 대화법을 다음과 같이 소개한다.

설명(안내) : 간단하게 아이 나이에 맞는 단어를 사용해 분명한 목소리로 지시사항을 이야기한다. 아이가 바로 행동에 옮기면 지시에 따른 것에 주저하지 말고 칭찬해준다.

반복 : 아이가 계속 게임을 한다면 메시지를 반복한다. 이때 주제를 바꾸지 않는다. 안내와 마찬가지로 아이가 바로 행동으로 옮기면 주저 말고 칭찬한다.

경고 : 다음에는 자녀에게 지시를 따르지 않으면 앞으로 어떤 일이 일어날지 예고한다.

결과(벌) : 유감스럽게도 '설명–반복–경고' 방법이 통하지 않는다면 벌을 준다. 이럴 때는 무엇보다도 단호하게 행동한다.

예시

설명 : 하민아, 20분 됐으니 패드 그만 보렴.

반복 : 하민아, 패드 끄라고 네게 이미 말했어.

경고 : 하민아, 네가 끄지 않으면 엄마가 직접 끌 거야. 그리고 2주 동안 패드를 볼 수 없어.

오늘부터 아이의 귀와 마음을 닫게 하는 잔소리 습관을 버리고 프랑스 엄마처럼 말하는 습관을 기르자. 흥분하지 말고, 아이의 눈을 똑바로 바라보면서 단호한 표정과 분명한 어조로 차분하게 말하자. 아이는 '안 돼!'라는 거절도 받아들이고 이겨낼 수 있다. 일관성을 유지하며 헌신적으로 인내하자.

그냥 평소처럼 말했을 뿐인데

자발적 아이를 만드는
가족회의

"엄마, 어린이집 안 다니면 안 돼요?"

출근길 뒷자리에 앉은 일곱 살 아들의 발언에 머리카락이 쭈뼛 선다. 룸미러에 비치는 아들은 풀이 죽어 있다.

"왜? 어린이집에서 무슨 일 있었니?"

"그냥."

역시나 아들은 속마음을 보여 주지 않는다.

"어린이집 안 다니면 엄마 출근하고 너 혼자 집에 있을 거야? 내년이면 초등학교 가야 하는데 학교 다니면 네 맘대로 할 수 있을 거 같아?

왜 그런 생각을 했는지 말해야 알지. 네가 말 안 하면 엄마가 어떻게 도와줄 수 있겠어?"

속사포처럼 쏟아내고 싶은 말은 많지만 시계를 쳐다보며 꾹꾹 눌러 담는다. 대신 이렇게 말한다.

"하민아, 지금 엄마한테 이유를 말해주기 힘들어?"

고개를 끄덕이는 아들 눈가가 촉촉하다.

"그럼, 오늘 저녁에 가족회의를 소집하면 어떨까? 누나랑 엄마랑 함께 방법을 찾아보자. 그리고 하민이도 회의 때 생각을 얘기해줘."

고개를 끄덕이는 아들의 표정이 조금 전과 다르게 편안해 보인다.

그날 저녁 퇴근 후 가족들이 서둘러 저녁 식사를 마치고 거실에 모였다. 어린이집에 다니기 싫어진 동생을 돕기 위해 누나가 회의 진행을 맡았다. 가족에게조차 자기 감정과 생각을 표현하는 걸 꺼리는 내향적인 아들도 회의 규칙에 따라 이야기를 시작했다.

선생님들의 휴가로 인한 연이은 통합보육이 사건의 발단이었다. 나는 우선 매번 바뀌는 환경에 적잖은 스트레스를 받았을 아들의 감정에 공감해준다. 통합교육에 흥미를 못 느끼는 아들을 위해 가족들은 자유롭게 해결책을 제안한다. 최종 결정은 아들이 하겠지만 어떤 방법이 가장 좋을지 투표해서 가족의 의견을 모아준다. 마지막으로 온 가족이 함께 손을 잡고 기도를 드리며 십여 분간의 회의를 마친다. 가족의 사랑을 느끼게 해주심을 감사하며 하민이의 힘들었던 마음을 위로하시고, 밝고 씩씩하게 생활할 수 있도록 용기를 주시길 하나님께 구한다.

아들은 흡족한 표정과 함께 즐겁게 어린이집을 다니겠노라 약속한다. 짧은 시간이었지만 자신을 가장 사랑하는 가족들이 귀 기울여 들어주고, 공감하며 진심으로 걱정해준다는 것을 몸소 체험했기 때문이다. '엄마, 어린이집 안 다니면 안 돼요?'라는 말을 바쁜 출근길에 꺼내준 아들에게 고맙다. 아들의 무거운 입이 열릴 때까지 기다려줄 시간적 여유가 없었기에 차선책으로 선택했던 가족회의야말로 최선책이었다.

> 최근 '콜포비아(call phobia, 통화 공포증)'를 겪는 사람들이 늘고 있다. 통화와 공포증의 합성어로 전화 통화를 기피하는 사람들을 의미한다. '15~'17년 트위터, 블로그를 분석한 빅 데이터에 따르면 가장 부정적인 반응이 나타난 통화 대상은 1위 직장 상사에 이어 2위가 부모를 차지했다. '화내다', '무섭다', '힘들다' 등의 부정적 감성 반응이 큰 이유는 '부모님의 잔소리' 때문으로 보인다(CBS 라디오, 굿모닝뉴스 박재홍입니다, 2018년 5월).

부모 전화가 콜포비아의 주범이라니, 이미 그때가 되면 너무 늦은 게 아닐까? 일주일에 한 번은 스마트폰을 내려놓고 가족회의를 열어보길 바란다. 가족회의를 하면 부모의 잔소리가 줄어든다. 자녀들 또한 반항심으로 대들기보다 불만이나 건의사항을 논리적이고 조리 있게 말하는 습관을 기를 수 있다. 자녀가 어려서, 사춘기라서 어렵다는 건 부모의 게으른 핑계에 불과하다. 욕심 부리지 말고 시행착오를 거치더라도 한번 시작해보자. 가족회의는 잔소리와 말대꾸의 불협화음을 최소화하고 아이들의 웃음소리 가득한 천상의 하모니를 집안에 가득채울 기회다.

우리 집 가족회의는 당시 여덟 살이었던 하은이의 질문으로 시작되었다.

"엄마는 왜 엄마 마음대로 규칙을 정해요? 우리한테도 생각을 물어봐야죠."

이후로 우리 가족은 일상의 일들을 함께 나누는 법을 배우고 있다. 새해 계획, 가족 행사, TV 시청시간 등 중대한 사항은 꼭 회의 안건에 올리고, 아이들은 진지하게 참여하고 가족 구성원으로서 존재감을 느낀다.

아이들은 이미 답을 알고 있다. 부모가 잔소리하지 않아도 된다. 자신이 어떻게 행동해야 할지 이미 다 알고 있다. 부모가 지시했을 때는 반항하고 부모 말을 쉽게 어기지만 자기가 한 말은 스스로 지키려 노력한다.

그냥 평소처럼 말했을 뿐인데

❶ 존댓말과 표준어를 사용한다.

존댓말은 존중의 언어다. 회의가 시작되면 모든 구성원은 존댓말을 사용함으로써 서로에 대한 존중을 표현한다. 존중받는 아이는 자신감을 갖고 발언할 수 있다. 또한 올바른 어법을 가르쳐주는 효과도 얻을 수 있다.

❷ 격려하는 분위기를 만든다.

어떤 안건을 내더라도 긍정의 리액션으로 격려하는 분위기를 만들어야 회의가 즐겁다. "정말 좋은 생각인데요.", "이렇게 멋진 생각을 해내다니 대단한데요.", "잘 설명해 주니 이해가 쉬워요." 즐겁고 호의적인 회의 분위기 속에서 브레인스토밍(Brain Storming)의 진가가 발휘된다. 쥐어 짜내서라도 칭찬하고 또 칭찬하라.

❸ 역할을 나눈다.

회의 시작 전에 사회자, 서기를 정하라. 사회자는 회의 안건과 시간을 가족들에게 공지하고 서기는 칠판, 투표용지를 준비하고 정리하는 등 회의 전·중·후 역할에 대한 규칙을 정하면 모든 참여자가 책임감과 준비성을 갖고 참여하게 된다.

❹ 경청의 자세를 가르쳐준다.

아이들은 부모의 말이 아닌 태도로 배운다. 바른 자세로 앉고, 시선을 맞추기 위해 몸의 방향을 바꾸며 고개를 끄덕이는 몸짓언어로 소통하는 방법을 자연스럽게 익힐 수 있는 기회다. 진심으로 경청하고 공감을 표현하면 자녀들은 안정감을 느낄 수 있을 것이다.

❺ 가치 있는 시간으로 인식하게 한다.

매주 회의를 빠뜨리지 않고 진행하기란 쉽지 않다. 부모의 의지와 여건에 따라, 강요에 의해 회의 개최 여부가 결정되면 안 된다. 불가피한 사정이 있을 경우, '오늘 엄마가 늦게 퇴근해서 피곤한데 특별한 안건이 없으면 다음 주에 회의하면 어떨까?'라고 양해를 구하라. 아이들은 '네, 좋아요.', '많이 피곤하세요? 제가 어깨 주물러 드릴까요?'라고 반응할 것이다. 아이들은 일방적인 통보의 '부모 맘대로'가 아닌 자신의 의견을 물어 준 배려의 자세도 배우고, 또한 의논을 통해 의사를 결정하는 방법을 경험한다. 의논 없이 건너뛰면 자녀들은 가족회의의 가치를 낮게 생각할 수 있다. 가족회의가 중단되는 건 한순간이다. 노력과 정성으로 가족회의를 만들자.

가족회의를 거쳐 목표를 세우고 규칙을 정해 책 읽는 가족이 된 경험을 공유한다.

그냥 평소처럼 말했을 뿐인데

사례1

"오늘 엄마가 기부리딩에 대해 알게 되었어요. 기부리딩은 책을 읽은
만큼 저금해서 책이 필요한 사람들에게 나눠주는 거예요. 우리 가족
의 기부리딩을 위한 계획을 세워보면 어떨까요?"라는 엄마의 제안에
아이들은 적립 기간을 포함해 몇 가지 세부 규칙을 스스로 정했다. 책
읽으라는 잔소리 없이도 '기부리딩' 시간이 생겼고 6개월 이상 지속
했다. 그동안 모은 금액으로 사단법인 국민독서문화진흥회에서 진행
하는 리틀라이브러리 기증에 동참했다. 8월 강원도 모 부대 생활관의
명예도서관장으로 임명된 두 아이는 오늘도 책장을 펼친다.

사례2

하루의 시작을 TV 시청으로 시작해 귀가하면 리모컨부터 찾는 아들
과 씨름하던 중 이사를 했다. 이사한 첫날 회의 안건은 TV 시청 시간.
매일 두 시간 넘게 보면서도 목말라하던 아이들은 환경의 변화에 동
화되어 '금요일, 토요일 각 1시간씩'이라는 파격적인 제안을 내놓았고
두 달 넘게 잘 지키고 있다.

1-1-3-1 대화법으로
설득력 있게 말하기

"'장미꽃이 예쁘냐?'라는 어머니의 질문에 대답하겠습니다." (질문 따라 하기)

"예, 저는 장미꽃이 예쁘다고 생각합니다." (주장하기)

"왜냐하면 첫째, 아름답습니다. 둘째, 향기롭습니다. 셋째, 자신을 보호하는 가시가 있습니다." (3가지 이유 제시하기)

"그래서 저는 장미꽃이 예쁘다고 생각합니다." (주장 재확인하기)

국민독서문화진흥회 김을호 회장의 독서코칭 〈논리적 말하기〉 특강을 아이들에게 가르쳐보았다. 사실 이 방법은 토익스피킹 시험 준비

그냥 평소처럼 말했을 뿐인데

를 위해 학원에 다니면서 배운 60초 답변 자료의 뼈대다. 그러나 나는 헤드세트를 끼고 제한시간에 득점을 위해서만 사용했을 뿐 일상생활에는 적용해 볼 생각을 못했었다. 방법은 이렇다.

〈논리적 말하기〉

1. 경청한 질문을 따라 한다.

1. 자신의 생각을 말한다.

3. 이유를 3가지로 나열한다.

1. 결론으로 자신의 주장을 재확인한다.

이 말하기 방법은 앞의 번호를 따서 '1-1-3-1 대화법'이라고 불린다. 이는 일상 대화 속에서 논리적인 아이로 키울 수 있는 간단하고 쉬운 방법이다.

그날 저녁 하은이에게 1-1-3-1 대화법에 대해 이야기해 주었다. 쉬운 장미꽃 예시문장 덕분에 바로 개념을 이해한 딸과 게임처럼 주거니 받거니 1-1-3-1 대화를 시작했다. 그날 이후로 지금까지 아이들과 하루 한 번씩 1-1-3-1 대화를 주고받는다.

김을호 회장은 2017년 6월 〈육군지〉 칼럼에서 다음과 같이 닐(1)닐(1)쌈(3)일(1)에 대해 말하고 있다.

대화로 인한 오해와 실수를 방지하고, 상대방이 무엇을 원하고 요구하는지 파악하여 더 좋은 해결책을 찾기 위해서 해야 할 첫 번째 시도는 바로 경청이다. 특히 논리적 말하기에서 경청은 상대방을 설득하기 위해 반드시 선행되어야 할 필수조건이기도 하다. 경청의 기술 중 가장 효과적인 방법은 상대방의 질문을 따라 하는 것이다. 질문을 따라 하는 순간 상대방은 자신의 말에 집중하고 있음을 느낌과 동시에 호감을 갖게 하는 장점이 있다. 누군가로부터 질문을 받는 순간 질문을 따라 하는 것은 경청, 즉 논리적 말하기의 시작임을 잊지 말자.

질문에 따른 적합한 자신의 주장을 표현하는 것이야말로 진정한 경청의 결과물이라 하겠다. 특히 토론에서 경청을 통한 주장은 상대방에게 감정적 이해와 논리적 설득의 단초가 된다. 그렇기에 수많은 이유와 근거를 열거하기에 앞서 자신의 주장을 먼저 표현해야 상대방에게 경청할 수 있는 기회를 주게 되는 셈이다. 더불어 결론은 주장을 재확인하는 과정으로 주장과 일관성을 갖도록 한다. 그래서 주장과 결론은 하나여야 한다.

'3'이라는 숫자는 완성을 의미한다. 논리적 말하기의 중심을 잡아주는 '이유와 근거'는 주로 3가지를 제시함으로써 주장과 결론이 타당성을 갖추게 된다.

오늘부터 아이들과 1-1-3-1 대화법으로 이야기해 보자. 어떤 상황

그냥 평소처럼 말했을 뿐인데

에서도 아이들과 대화를 즐겁게 나눌 수 있게 된다.

❶ 경청의 힘이 길러진다.

질문자의 질문을 따라 하기 위해서는 일단 상대의 말에 집중할 수밖에 없다. 자연스레 눈을 맞추고 상대의 이야기에 귀를 기울인다. 반대로 답변자가 자신의 생각과 이유를 나열하는 동안 질문자 역시 주의 깊게 경청할 수밖에 없다. 왜냐하면 그에 반대되는 의견을 제시하기 위해선 먼저 듣는 것이 필수이기 때문이다. 서로 하고 싶은 말만 하고, 듣고 싶은 말만 듣던 잘못된 대화 습관이 바뀐다.

❷ 버럭 화내지 않고 차분하게 말할 수 있다.

"1) '지금 할머니 댁에 가도 되냐?'는 하은이의 질문에 대답할게. 1) 엄마는 지금 하은이가 피아노 학원에 가야 한다고 생각해. 3) 왜냐하면 첫째, 할머니 댁에 들렀다가 학원에 다녀오면 집에 올 때 어두워서 위험하기 때문이고, 둘째, 다음 주 피아노 발표회 준비를 위해 오늘 연습은 꼭 가야 하기 때문이며, 셋째, 게임하고 싶어서 할머니 댁에 가려는 네 맘을 알기 때문이야. 1) 그러니 지금 바로 피아노 학원으로 가렴."

아마도 평소라면 이렇게 말했을 것 같다.

"너 또 할머니 댁에 가서 게임하고 싶어 그러지? 엄마가 모를 줄 알아? 허튼소리 말고 당장 피아노 학원으로 가."

❸ 관찰력과 창의력이 길러진다.

엄마와 누나의 대화를 어깨너머로 배운 만 4살 하민이의 글이다.

나는 우리 누나가 '개'라고 생각합니다.

왜냐하면

첫째, 눈을 좋아하기 때문이고,

둘째, 사람들을 도와주기 때문이며,

셋째, 잘 달리기 때문입니다.

그래서 나는 우리 누나가 '개'라고 생각합니다.

나는 우리 엄마가 '코끼리'라고 생각합니다.

왜냐하면

첫째, 시원하게 목욕시켜주기 때문이고,

둘째, 많이 먹기 때문이며,

셋째, 몸짓으로 마음을 전하기 때문입니다.

그래서 나는 우리 엄마가 '코끼리'라고 생각합니다.

그냥 평소처럼 말했을 뿐인데

1-1-3-1 대화법을 몰랐더라면 "김하민! 누나를 '개'에 비유하는 동생이 어디 있니? 누나가 속상해하겠다."라며 이유도 묻지 않았을 것이다. 정작 자신의 마음을 알려고 하지 않고 말할 기회도 주지 않은 엄마에게 서운했을 뻔했다.

하민이는 가족들을 동물에 비유하는 재미에 푹 빠졌다. 덕분에 책꽂이에 꽂혀 있기만 하던 자연 관찰책이 펼쳐지는 광경을 구경하는 것도 쏠쏠한 재미였다.

❹ 자신의 생각과 주장을 표현하는 연습이 된다.

내향적인 성격의 하민이는 질문을 하면 습관처럼 '그런 것 같아요.', '잘 모르겠어요.'라고 말한다. 자신감 있는 아이로 성장하길 기대하는 엄마로서는 아이의 말투에 마음이 쓰인다. 그런데 1-1-3-1 대화법은 자신의 의견을 먼저 이야기하는 패턴구조라 자연스럽게 생각을 표현한다.

상대방의 말을 경청하며 인내하는 대화로 가족을 배려하는 습관을 기르자. 처음에는 다소 어색하더라도 포기하지 말고 놀이처럼 부담 없이 시작해 꾸준히 실천하자. 논리적으로 말하는 자녀의 모습을 바라보는 즐거움은 다른 데선 느껴지지 못하는 신선함이다.

오랜 시간을 함께 보내는 직장동료나 사회에서 만난 지인과는 어떻게 대화를 나누어야 할까? 보통 호감을 얻기 위해서는 적극적으로 어떤 말을 하는 게 필요한 것처럼 생각되지만, 진짜 고수는 말주변이 없어도 호감을 끌어내고 긍정적 영향을 끼친다. 그들의 방법을 배워보자.

6장

말주변 없이도
호감을 얻는 방법

사람들의 말하기 본능을
자극한다

막힘없이 이야기를 재미있게 풀어나가는 입담 좋은 사람들이 있다. 그들은 자연스레 대화의 흐름을 주도하며 이목을 끈다. 해박한 지식과 다양한 경험으로 무장한 그들은 나이, 직업, 성격, 취미 등 각기 다른 다양한 사람들 앞에서 유감없이 실력을 발휘한다. 재치 있게 매력을 발산하는 사람은 분명 상대의 호감을 얻기에 유리하다.

선천적으로 외향적 성향이나 언어구사능력이 뛰어난 사람이 아닐지라도 후천적인 노력으로 유창한 언변을 갖출 수 있다. 문제는 많은 노력과 오랜 시간의 축적이 필요하다는 점이다. 그렇다고 낙심할 필요

그냥 평소처럼 말했을 뿐인데

는 없다. 말주변이 없더라도 호감을 얻는 방법이 있다.

"벌써 시간이 이렇게 흘렀네요. 헤어지기 아쉬운데요."

"오늘 정말 재밌었어요. 다음에 꼭 또 만나요."

이처럼 진심으로 인사하게 되는 사람이 있을 법하다. 헤어질 때 아쉽고, 이후에도 즐거운 기억으로 남는 그는 어떤 사람인가? 물론 뛰어난 언변과 재치로 상대를 매료시키는 사람일 수도 있으나 이보다 내 이야기에 관심을 표현하며 잘 들어준 사람이 더욱 기억에 남기 마련이다.

어떤 모임이나 만남에서 대화를 주도했던 사람은 열에 아홉 그 시간을 즐겁고 좋은 경험으로 기억한다. 사람에게는 타인의 말을 듣는 것보다 자기 이야기를 더 즐기는 본능이 있기 때문이다. 이걸 활용하는 게 핵심이다. 상대가 즐겁게 자신의 이야기를 하도록 질문을 건네고 경청하는 것만으로도 좋은 인상을 심어줄 수 있다. 상대의 말에 귀 기울이면 많은 정보를 얻어낼 수 있고 질문만으로도 대화를 이어나갈 수 있다.

2011년 4월 MBC 창사 50주년 특별기획으로 제작한 아나운서 공개채용오디션 프로그램에서도 경청의 중요성을 생생하게 보여준다.

5,500명이 넘는 응시자는 1차 예선인 카메라 테스트와 2차 필기시험과 면접을 거치며 64명으로 추려졌다. 3차 테스트에서 이 64명은 '물건으로 자신을 표현하라'는 미션을 받았다. 두 명씩 일대일 대결을

펼치는 평가에서 경쟁자가 똑같이 에스프레소 잔을 준비하는 상황이 펼쳐져 긴장감을 더했다. 에스프레소 원액을 원석 같은 자신의 모습으로 비유한 지원자 A는 발표 중 여러 차례 발음 실수를 하였다. 반면 에스프레소 잔에 식혜를 담아 온 지원자 B는 반전매력을 보였다. 1차, 2차 종합성적도 우수했고 당당함과 안정감 있는 발표로 경쟁에 유리한 상황이었다.

그러나 정반대의 결과가 나왔다. 본인의 발표만 집중했던 지원자 B는 심사위원의 질문과 경쟁자의 발표 내용을 정확히 듣지 않았다. 심사위원의 예리한 질문에 당황한 기색이 역력하여 횡설수설한 것이다. 경청에 소홀했던 지원자는 결국 6:1의 득표로 탈락했다.

B의 실수는 얼마든지 우리에게도 일어날 수 있는 일이다. 상대가 말하고 있을 때 듣는 것이 아니라 내가 할 말을 생각하기에 급급할 때가 있다. 말을 마치기가 무섭게 바로 준비했던 말을 쏟아내기에 바쁘다. 내 생각, 내 말에 집중하느라 상대의 말을 놓치는 것이다.

"가장 중요한 부분인 경청을 안 했다. 듣지 않으면 말을 할 수 없다."

심사위원이었던 이재용 아나운서의 정확한 평가다. 일생일대 절호의 기회를 얻기 위해 더 말을 잘하고 싶다는 욕심이 생길 때 꼭 되새겨볼 말이다.

상대가 대화를 즐겁게 느끼게 하는 데도 요령이 있다. 의외로 상대의 마음을 얻는 데 많은 말이 필요치 않다. 상대가 나보다 두 배 이상

이야기할 수 있도록 배려하는 것이다. 듣기를 7, 말하기를 3으로 맞추는 것도 좋다.

❶ 경청한다.

다른 사람의 이야기를 잘 들어주는 사람은 인기가 높다. 자신의 이야기를 귀담아 들어주는 상대와 이야기하는 것은 즐거울 수밖에 없다. 상대의 말에 끼어들거나 상대의 말이 끝나자마자 대화의 주도권을 잡으려는 듯 이야기를 이어나가면 자칫 상대에게 불쾌감을 줄 수 있다.

상대를 설득하려는 마음이 앞서 한마디라도 더 하려는 욕심을 버리자. 두 눈으로 상대를 바라보고 두 귀로 경청하는 자세가 더 설득력 있음을 기억하자. 자신의 말에 귀 기울여 주는 사람에게 느끼는 고마움과 감사함은 마음을 열게 하는 열쇠이다.

❷ 상대의 이야기 속에서 질문거리를 끄집어낸다.

상대의 이야기를 경청하면서 얻은 정보를 바탕으로 질문을 건넨다. 상대의 대답 안에 핵심 단어를 잡아서 질문을 확장하면 이야기는 자연스럽게 이어진다. 주의할 점은 질문을 위한 질문, 내 지식의 깊이를 알리기 위한 질문은 피해야 한다는 것이다. 때로는 알고 있는 얘기라도 모르는 척하는 게 좋을 수 있다. 상대가 자신 있고 기분 좋게 대답할 수 있는 주제에 대하여 질문을 하는 게 핵심이다. 최근 성과(취직, 승진, 시험 합격, 자격증 취득, 여행, 다이어트 성공 등)에 대해 질문하라. 사생활을 침해하지 않는 범위 내에서 가족이나 취미 등 편하게 대답하기 쉬운 것에 대해 질문하라. 유쾌하고 즐겁게 대답할 수 있는 질문을 건네면 상대는 당신에게 좋은 감정을 갖게 된다.

❸ 리액션한다.

듣는 사람의 태도를 보고 상대는 영향을 받는다. 어떤 리액션을 하느냐에 따라 상대의 말을 촉진시키거나 중단시킬 수 있다. 리액션은 상대에 대한 배려이고 겸손이 되어야 한다. 따뜻한 눈 맞춤, 흥미를 표현하는 상체 기울이기, 고개 끄떡임에 상대는 흥겹게 말을 이어나갈 수 있다.

원체 무뚝뚝하거나 내향적이어서 리액션이 어색한 사람들이라면 소통테이너 오종철의 '리액션이 가장 강력한 액션이다'라는 강연을 보길 권한다(세바시 121회). 그의 진행은 청중들로부터 자연스럽게 리액션을 이끌어 낸다. 경청과 공감대 형성을 통해 서로가 성장할 수 있는 강력한 리액션이 나올 수 있음을 알려준다. 리액션은 후천적인 노력과

그냥 평소처럼 말했을 뿐인데

마음 열기로 충분히 잘할 수 있다. '어머, 정말? 웬일이야? 진짜?' 공감하며 놀라기, '엄지척' 해주며 환하게 웃어주는 리액션에 상대는 즐겁게 대화를 이어 나간다.

상대의 이야기를 듣다가 중요한 사항을 '메모'하는 것도 좋은 리액션이 된다.

"책 제목 다시 한 번 말씀해 주시겠어요? 이번 주말에 꼭 읽어보고 싶어요."

"잠깐 메모해도 될까요? 이번 방학 때 아이들과 함께 가봐야겠어요."

"방금 해주신 말씀 메모해도 될까요? 곁에 두고 가끔씩 읽어보고 싶은 명언인데요."

메모하며 듣는 습관은 경청에도 도움이 된다. 메모를 통해 요약하고 정리하면 중요한 내용을 기억하기 쉽고, '당신의 이야기에 귀를 기울이고 있습니다'라는 긍정적인 이미지를 심어줄 수 있다.

"사람에게는 두 개의 귀와 한 개의 입이 있다. 이는 말하기보다 듣는 것을 두 배로 더 하라는 뜻이다."

〈탈무드〉의 한 대목이다. 이제 아는 것을 실천으로 옮길 때다. 7 대 3의 황금비율로 대화상대로부터 호감을 얻는 사람이 되자.

사람들은 자기 이름을
소중히 여긴다

'방 소령 반갑구나. 내가 기억나는지 모르지만……. (중략) 목적이 있고 가치가 분명한 프로그램을 진행했네요.'

밴드에 올린 글을 보시고 어느 장군님께서 연락을 주셨다. 몇 해 전 훈육관으로 생도들과 함께 그분의 강의를 들었던 기억이 떠올랐다. 한 사람, 한 사람을 소중히 여기는 마음이 전달되었던 특강이었다. 많은 깨우침과 도전의식을 심어주는 강의로 인상에 깊이 남아 있다. 더욱이 독대한 자리도 아니었는데 내 이름을 기억하고 계신다는 사실에 놀라지 않을 수 없었다. 그 어떤 칭찬보다 내 이름을 기억해 주신다는

그냥 평소처럼 말했을 뿐인데

게 더 큰 감동으로 다가왔다.

사람은 자신의 이름을 기억하고 정감 있게 불러주는 사람에게 호감을 느낀다.

이름을 불러준다는 것은 의미 있는 사람으로 받아들인다는 뜻이다. 아이가 태어나면, 아니 태어나기 전부터 가족들이 오랜 시간과 정성을 들여 이름을 지으며 기쁨을 누리는 것도 그 때문이다.

이름이란 '나'라는 사람을 소개하고 표현할 때 쉽게 사용하는 가장 간단하고 짧은 말이다. 단순히 호칭으로 다른 사람과 구분하는 실용적 용도가 이름이 가진 진짜 뜻의 전부는 아니다. 이 세상에 단 하나뿐인 소중한 '나'를 함축해서 표현할 수 있는 말, 그것이 이름이다. 부모로부터 받은 선물이자 그 사람의 과거, 현재, 미래와 가족의 삶, 성격, 가치관이 담겨 있는 인격인 것이다.

대법원 통계에 따르면 2012년부터 2017년까지 85만 명이 넘는 사람들이 개명을 신청했다. 과거의 아픔과 실패를 딛고 새로운 삶을 살고 싶다는 간절함이 있는 사람들일 것 같다. 새로운 이름을 선택할 때 사람들은 한 가지 공통점을 보여 준다. 상대방에게 좋은 인상으로 기억되고 싶은 욕구다.

사람은 누구나 의미 있는 사람으로 인정받기를 바라고, 그런 맥락 아래에서 이름이 불리길 바란다. 그리고 그렇게 내 이름을 불러주는 상대에게 좋은 인상을 갖고 호의적으로 대하게 된다.

2017년 6월 한국소비자원이 커피전문점 이용자 1000명을 대상으로 시장점유율 상위 7개 커피전문점들의 서비스 만족도를 조사했다. 1위는 스타벅스였다(한국소비자원 보도자료 2017년 8월 21일).

나 역시 스타벅스의 고객으로서 만족도에 지대한 영향을 끼치는 것이 'call my name' 서비스 덕분이라고 생각한다.

'call my name' 서비스는 2014년부터 고객의 이름을 불러주는 감성 마케팅이다. 고객이 홈페이지에 본인 이름이나 닉네임을 등록하고 음료를 주문한다. 음료가 준비되면 직원은 주문 번호가 아닌 손님의 이름 또는 닉네임으로 호출한다. 고객이 듣고 싶어 하는 이름을 직원이 친절하게 불러주는 것이다. 고객은 존중받고 있다는 느낌을 경험한다. 젊은이들의 인스타그램에서는 자신의 이름이나 닉네임이 적힌 커피 용기를 찍은 인증사진을 쉽게 찾아볼 수 있다.

최근 교육현장에서는 학교폭력 예방을 위해 다각도로 노력을 펼치고 있다. 그중 학교장이 직접 만든 이름표를 학생들에게 전달해주고, '등굣길 이름 불러주기' 캠페인 등을 시행한 사례들은 눈여겨볼 만하다. '이름 불러주기 운동'은 교사와 학생 간에, 친구 간에 존중과 배려를 길러주고 서로에게 관심을 갖도록 만드는 방법이다.

상대로부터 호감을 얻고 싶은가? 남녀노소를 불문하고 세상에서 가장 소중한 단어는 자기 이름임을 기억하자. 대화 도중 친근하고 소중한 느낌을 담아 이름을 불러주면 관계의 벽은 조금씩 허물어진다.

❶ 대화 도중 이름을 부른다.

명함에 적힌 직책과 성명을 정확하게 확인하고 바르게 호칭한다. 모르는 한자가 있으면 정중히 물어보며 관심을 표해도 좋다. 한자가 없는 경우 이름의 뜻이 무엇인지 질문하여 의미를 익히면 외우기도 수월하다. 대화하는 동안 명함을 탁자 위에 올려두면 잘못 호칭하는 실수를 막을 수 있다. 대화 도중 자연스럽게 직책과 이름을 반복해 말하면 기억하기에 도움이 된다. 첫 만남일수록 대화 중간에 이름을 넣어 부른다. 서로 친근감을 느끼게 해주고 상대를 이야기에 더 집중시키는 효과가 있다.

만남을 통해 얻은 정보는 헤어진 후 바로 명함 뒷면 등 여백을 활용해 기록한다. 일시, 장소, 주요 대화 내용, 함께 만난 사람들의 정보를 적어두면 오랜 시간이 흐른 뒤에도 기억을 떠올리는 데 유용하다. 업무적인 것 외에도 취미, 관심사, 가족관계 등 추가적인 정보가 있다면 함께 메모해두자. 작은 차이가 경쟁력이다.

❷ 자녀 이름 등을 함께 저장한다.

전화번호를 저장할 때는 직책, 이름 외에도 관심사나 가족 정보도 함께 입력하면 유용하다. '김지숙대리(예은맘)'처럼 자녀 이름을 입력해 두면 통화할 때나 만나기 직전에 확인할 수 있어 인사하며 안부를 묻기에 좋다.

"예은이가 올봄에는 초등학교 입학하지요?"

"지후는 콩쿠르 준비 잘하고 있지요?"

그 어떤 인사보다 반갑다. 자신의 자녀에 대해 관심을 표하는 상대에게 고마움을 느끼는 것은 부모로서 당연하다. 게다가 이름까지 기억하고 불러주면 그야말로 금상첨화다.

오랜 기간 알고 지낸 사이일 경우 새삼 자녀들의 이름을 묻는 것이 미안하고 민망하다. 이때는 경청이 답이다. 듣기에 집중하면 자녀에 대해 많은 정보를 얻을 수 있다. 페이스북이나 인스타그램, 카카오스토리 등에 게시하는 일상 속에서 자녀의 이름, 특징을 쉽게 얻을 수 있다.

❸ 이름에 특별한 의미를 더한다.

"연경주한(延景注旱), 볕으로 인도하고 가물한 곳에 물을 대도다."

내 이름 연주로 만든 '사자성명'이다. 몇 달 전 국민독서문화진흥회 김을호 회장님께서 지어주신 선물이다. 새롭게 지어진 이름에 걸맞게 나눔을 실천하고자 부단히 노력하며 한 해를 보냈다. '사자성명'을 통해 태도가 변화되었고 삶은 더 값지고 풍성해졌다.

나는 소중한 사람들의 이름을 삼행시로 지어 선물한다. 함께한 추억

그냥 평소처럼 말했을 뿐인데

을 바탕으로 재해석한 세상에 단 하나뿐인 이름이 된다. 삼행시에 대한 노하우는 다음 장에 소개되어 있다.

말주변이 없어 새로운 사람과의 만남을 부담스럽게 느낀다면 상대방의 이름을 불러주는 작은 실천부터 시작하자. 가까운 사람들과의 관계에서도 이름을 불러주는 습관을 갖자. '고생했어.', '잘했어.'라고 말하는 것에서 한 발짝 나가보자. '역시, 연주답다!'처럼 이름을 넣어 칭찬하면 그 어느 미사여구보다 감동적으로 전달된다.

상대방의 이름으로
삼행시를 짓는다

방금 시작한

연극의

주인공

대중 앞에서 삼행시로 자기소개를 한 지 어느덧 이십 년이 훌쩍 넘었다. 많은 소개방법이 있음에도 삼행시를 고집하고 있는 이유는 다른 어떤 소개보다도 효과적이기 때문이다. 짧지만 강한 인상을 남길 수 있어 시간이 많이 흘러도 기억하는 이들이 상당수다.

그냥 평소처럼 말했을 뿐인데

전입·전출이 잦은 직업 특성상 만나고 헤어지는 경험을 많이 한다. 이십 년 가까이 반복하는 일이지만 정들었던 동료들과 헤어짐의 순간은 늘 어렵다. 몇 해 전부터는 떠나는 동료들의 이름으로 삼행시를 지어 선물했다. 아쉬움과 고마움을 담아 마음을 표현한다. 수개월에서 수년간 함께 겪었던 경험을 떠올린다. 그들의 장점을 담아 이름 세 글자에 풀어낸다.

삼행시를 준비했으니 운을 띄워달라고 하면 상대는 쑥스러운 웃음을 짓는다. 막상 시작하면 귀를 기울여 집중해 듣는다. 힘껏 박수치는 주인공의 얼굴에는 웃음이 가득하다. 이제는 먼저 자신의 이름으로 삼행시를 지어 달라고 부탁하는 동료들도 있다.

특별한 재주도 없는 내가 어떻게 삼행시 짓기의 달인이 된 것일까? 나는 재치나 재주로 짓지 않는다. 대신 그들이 가장 듣고 싶어 하는, 가장 사랑하는 주제를 떠올리며 그에 맞춰 삼행시를 짓는다. 그들이 인정받고 싶은 부분을 표현하는 것이 핵심이다.

그런데 알고 보면 이름으로 삼행시를 지은 사람은 나뿐이 아니었다.

전북의 한 고등학교 교장 선생님도 수능 시험을 앞둔 3학년 학생 전체에게 응원의 메시지로 삼행시를 지어서 전달했다(한겨레신문 박임근 기자 2017년 8월 23일). 삼행시의 운은 학생들의 이름이었다. 한 학생은 인터뷰에서 지치고 힘들 때 격려편지를 받고 힘이 솟았으며 가슴 뭉클했다고 말했다.

충청도의 모 초·중학교에서도 그런 일이 있었다. 이 학교 학부모들이 '스승의 날' 전날 밤에 교직원들 몰래 학교에 벽보를 붙였다. 다름 아닌 교직원들의 이름으로 삼행시를 지어 만든 게시물이었다. 출근길 자신의 이름을 발견한 교직원들이 느꼈을 감동을 상상해본다. 학부모들의 감사와 존경의 마음이 묻어나는 삼행시를 선물받은 선생님들이 더욱 정성을 담아 아이들의 이름을 불러주지 않을까?

나도 학부모로서 비슷한 경험이 있다. 스승의 날을 맞이해 아들, 딸과 함께 교회학교 유치부 선생님들께 드릴 삼행시를 지었다. 아이들과 선생님 한 분 한 분을 떠올리며 감사한 마음을 표현했다. '(어쩌면 처음으로) 의미 있게 느껴지는 스승의 주일'이라고 표현해주신 전도사님의 글이 오래도록 기억에 남는다.

누군가에게 오랫동안 기억되는 사람이 되고 싶은가? 삼행시로 상대방의 이름을 재해석하자. 당신은 특별한 사람으로 기억될 수 있다. 우리는 누구나 삼행시만 잘 지어도 호감을 주는 사람이 될 수 있다. 유연함과 재치로 분위기를 부드럽게 만들고 친밀도를 높여주는 좋은 수단이다.

그냥 평소처럼 말했을 뿐인데

❶ 과도한 욕심은 버린다.

처음부터 잘하는 사람은 드물다. 자주 연습하다 보면 실력은 저절로 는다. 완벽하게 만들어야 한다는 부담이 있으면 머뭇거리다 표현할 기회를 놓친다. 즐겁게 꾸준히 하는 것이 중요하다.

❷ 관심 갖고 관찰한다.

상대에 대한 관심이 먼저다. 상대의 특징을 자연스럽게 표현할 수 있어야 한다. 핵심단어는 관찰을 통해서 찾을 수 있다. 어떤 꾸밈말보다 강력하다.

❸ 긍정의 표현에 의미를 담는다.

장난스럽거나 상대를 비웃음거리로 만드는 표현은 삼가라. 깊은 상처가 남거나 독이 될 수 있다. 대신 긍정의 기운을 담아 축복의 말을 전한다. 상대는 감동할 것이며 잊지 못할 소중한 사람으로 기억할 것이다.

아래는 내가 지었던 삼행시 중 일부다.

심성 고운 선생님을 보고 배우며

예수님 성품을 닮아가는 유치부

지혜롭게 하나님 말씀 가르쳐 주셔서 감사합니다.

권사님 아드님답게

순종하는 믿음이 돋보이는 선생님

우리 유치부도 닮고 싶어요

(교회 유치부 선생님들을 위해 아들, 딸과 함께 지은 삼행시)

정말 신기하게도 그의 책을 읽다 보면

철석같이 믿던 고정관념을 깨고 나만의 기준으로 세상을 바라보는 힘

　을 기르고 싶어집니다.

(독서동아리에서 좋아하는 작가 이름으로 지은 이행시)

이렇게 방대한 내용과 핵심전략을 배울 수 있어 좋았습니다.

상상만으로 막연히 꿈꿔왔던 책 쓰기

민첩하게 결단하고 도전하고 싶어집니다.

(이상민 책쓰기 연구소 1일 특강 후기로 적은 삼행시)

　　　　　　　　　　그냥 평소처럼 말했을 뿐인데

질문으로 말의 주도권을
건네준다

자주 만나 대화를 하는 사람과는 이야깃거리가 마르지 않는다. 친밀한 관계일수록 이야기 소재는 무궁무진하다. 반면 대화가 자주 중단되고 침묵이 이어지는 어색한 관계가 있다. 물론 내가 말주변이나 사교성이 좋다면 처음 만나는 사람이나 상사와도 어렵지 않게 대화를 이끌어갈 수 있다. 그러나 말주변이 없다면 어떻게 할까? 이때는 질문하는 요령을 익히자.

구글에서 검색해 보면 '소개팅 질문'은 379만 건, '소개팅 질문리스트'도 33만 건 이상 조회된다. 낯선 이성으로부터 호감을 얻기 위해

'내가 어떤 말을 할까?'만큼이나 깊게 고민하는 것이 '어떤 질문을 할 것인가?'이다. 모 결혼 정보회사 설문에 따르면 소개팅에서 대화가 끊기지 않도록 들인 노력의 1위가 '관심 없는 분야도 관심 있는 척 자꾸 질문하기'라고 한다(남녀 각각 39퍼센트, 43퍼센트 차지).

상대에 대해 호감이 있다, 관심이 있다, 더 알고 싶다는 마음은 질문으로 나타난다. 특별한 내용이 없는 평범한 질문이라도 상대를 존중한다는 태도를 전달할 수 있다. 평범한 질문을 건네고 상대의 대답에 특별하게 반응하는 것이 친해지는 비결이다.

"오늘 햇살이 따뜻하네요. 이런 좋은 날씨에는 주로 어떻게 보내세요?"

"요즘 즐겨 보는 TV 프로그램 있으세요?"

"어떤 영화를 좋아하세요?"

"스트레스는 어떻게 푸세요?"

사소하지만 적절한 질문으로 상대에게 한 걸음 다가가자.

호감을 얻는 질문법 5가지

❶ 상대가 잘 알고 있는 주제에 대해서 묻는다.

상대가 열정을 가지고 말할 수 있는 내용, 직접 경험한 성공사례, 자

그냥 평소처럼 말했을 뿐인데

랑하고 싶어 하는 주제에 대해 질문한다. 설령 알고 있는 내용이라 하더라도 모르는 척 질문을 건네도 좋다. 답변을 들으면 '역시 전문가라 다르시네요.', '알기 쉽게 설명해 주시니 내용이 쏙쏙 들어오네요.'라고 진심을 다해 피드백한다. 사람은 타인에게 도움을 주었다고 느낄 때 자기 존재감을 느낀다.

❷ 말하는 중간에 질문을 던진다.

설령 지금 발언권이 내게 있고, 내가 혼자 신나게 떠들 수 있는 주제라고 하더라도 혼자 말하는 것보다는 대화 속으로 상대를 초대한다. 문득 생각 안 나는 것처럼 질문을 던지면 상대는 이야기에 집중하게 된다. '이런 주제를 다룬 영화가 있었는데… 음… 제목이 뭐였죠?', '지난 번 우리가 들렀던 휴게소가 어디였지요?' 하고 대화에 참여할 수 있는 기회를 제공하면 상대는 당신에게 호감을 느낀다.

❸ 대화에 참여하지 못하는 사람에게 질문으로 초대한다.

여러 명이 모인 자리에서 대화에 참석하지 못하고 겉도는 듯한 인상을 주는 사람이 있을 수 있다. 이때 그에게 질문을 던지면 그를 대화에 초대할 수 있다. '만약 당신이라면……', '당신은 어떻게 생각하세요?'라고 질문한다. 단, 전문가만이 대답할 수 있는 어려운 질문은 피한다. 가급적 누구나 흥미를 느끼고 유쾌하게 참여할 수 있는 주제를 찾는

다. 주제가 거창하지 않아도 좋다. 음식, 여가 등 누구나 쉽게 참여할
수 있는 주제로 시작한다. 답변하기 부담스럽지 않도록 밝은 미소와
편안하고 긍정적인 분위기를 만든다. 상대는 질문에 답함으로써 자연
스럽게 참여하게 된다.

방송 프로그램 〈미우새(미운우리새끼)〉에서 신동엽 진행자가 게스트
로 출연한 노사연 가수에게 '깻잎 사건'을 언급했다. 노사연 부부가
아는 여자 후배와 식사 도중 노사연 남편이 여자 후배의 깻잎 떼는 것
을 도와준 '사건'이었다. 진행자가 이 해프닝을 언급하자 출연자들이
각자의 생각을 보태기 시작한다. 누구나 겪을 법한 평범한 소재가 주
어지면 서로의 생각을 부담 없이 재미있게 나눌 수 있다. '만약'을 활용
한 질문은 언제 어디서든 쉽게, 친밀해질 수 있는 질문이다.

❹ 상대가 말하고 싶어 하는 내용을 질문한다.

좋은 질문을 던지고 싶다면 상대의 말 속에서 질문거리를 찾아내야
한다. '호감을 만드는 질문'이란 내가 궁금한 것을 묻는 게 아니다. 상
대가 이야기하고 싶은 것, 상대가 관심을 갖고 있는 주제를 포착해서
질문하는 게 핵심이다. "여행을 자주 다니시나 봐요. 어떤 여행지가 가
장 기억에 남으세요?", "한식 자격증 있으신가 봐요? 오늘 날씨에 어울
리는 간단한 요리법 하나 알려주세요." 상대가 입에 올린 주제에서 질
문을 뽑아 먼저, 호기심을 표현하고, 다음, 더 궁금한 내용을 질문하

그냥 평소처럼 말했을 뿐인데

자. 상대방은 더 즐거워하며 주도권을 갖고 신나게 이야기한다.

❺ 유대인처럼 질문한다.

"수업시간에 집중하고 잘 들었어?", "친구랑 장난치고 떠들진 않았지?", "발표는 잘했어?"

학교에서 돌아온 아이에게 우리는 이렇게 질문한다. 그런데 유대인 부모들의 질문은 조금 다르다.

"오늘은 선생님께 어떤 질문을 했니?"

부모가 듣고 싶고, 하고 싶은 말을 묻는 게 아니다. 아이들이 주도권을 갖고 이야기할 수 있도록 질문하는 방식이다.

짧고 간결한 질문이지만 강력한 힘이 있다. 유대인 부모들은 가족과의 저녁식사를 가장 중요하게 생각한다. 자녀들과 식사를 함께하며 대화를 나눈다. 부모의 일방적인 대화가 아닌 질문과 답이 이뤄지는 '하브루타' 대화를 나눈다. 지식을 쌓는 것을 넘어서 가족 간의 친밀감, 심리적 안정을 키우는 시간이다.

'질문을 한다'는 것은 상대에게 '관심을 갖는다'는 것이고, 상대에 대한 존중과 배려는 '좋은 질문'으로 표현된다. 상대의 이야기를 경청하면 질문은 쉽게 할 수 있다.

"오늘 입은 옷에서 가을 분위기가 물씬 느껴지네요. 중요한 약속 있으세요?", "오늘 생기 넘쳐 보이세요. 즐거운 일 있으신가 봐요?" 칭찬에 이어 한두 개의 질문을 던지면 대화는 보다 부드러워지고 관계는 단 1 센티미터라도 가까워진다. 질문법으로 행복한 하루를 시작해보자.

칭찬에도
요령이 있다

첫인상이 좋아서, 자꾸만 끌리는 매력이 있어서 호감 가는 사람이 있다. 그가 발하는 매력에 호감을 느끼기 시작하면 의도치 않아도 자꾸 시선이 향한다. 그의 말에 귀 기울이게 된다. 관심사가 일치할 때는 물론이거니와 낯선 분야라도 알고 싶다는 호기심을 불러일으킨다. 자연스럽게, 편하게 대화할 수 있는 수준까지 친해지고 싶다는 마음이 드는 건 당연지사다. 이럴 때 가장 쉽게, 효과적으로 사용할 수 있는 방법이 있다.

소셜데이팅 이츄(www.echu.co.kr)에서 미혼 남녀 1,859명(남성 933

명, 여성 926명)을 대상으로 이렇게 물었다. "이성에게 나만의 호감 신호를 보내본 적 있습니까?" 응답결과 82.7퍼센트(남 82.8퍼센트, 여 83.3퍼센트)가 '있다'고 대답했다.

남성이 '좋아하는 이성에게 보낸 호감 신호' 가운데 21.5%로 1위를 차지한 것이 '사소한 칭찬을 많이 했다'는 답변이었다. 여성의 경우 '웃으며 슬쩍슬쩍 팔이나 어깨 등을 쳤다'는 스킨십이 24.2퍼센트로 1위였고, '사소한 칭찬을 많이 했다'가 17.1퍼센트로 2위를 차지했다(지디넷코리아 김효정 기자 2013년 9월 30일).

칭찬을 마다하는 사람은 세상에 없다. 칭찬은 듣는 사람의 기분을 좋게 만드는 것은 물론이고, 상대에게 호감을 느끼도록 만드는 방법이다. 그러나 칭찬은 과하지 않게 하는 것이 핵심이다. 자연스럽게, 보다 효과적으로 할 수 있는 방법을 소개한다.

칭찬을 잘하는 9가지 방법

❶ 상대의 관심 분야에 대해서 구체적으로 칭찬한다.

평소 외모에 관심이 많고 꾸미기를 좋아하는 사람에게는 '피부가 더 좋아지셨어요. 특별히 관리하는 비법이라도 있으세요?', '블라우스가 오늘 날씨에 참 잘 어울리는 색상이네요. 브로치도 세련된 느낌을 줘

그냥 평소처럼 말했을 뿐인데

서 돋보여요.', '스카프 색상 멋지네요. 저는 스카프 묶는 게 어렵던데 매는 법 알려주실 수 있으세요?'라고 말해보자.

삶의 무게중심이 업무에 많이 쏠려 있는 사람에게는 능력을 인정해주는 말투로 칭찬해주자. '프레젠테이션 발표 근사했어요. 특히 비유를 들어 설명한 것은 참신하고 설득력 있었어요.', '제안서 잘 봤어요. 신선한 아이디어가 샘솟는 비결이 뭐예요?'……

상대방이 듣고 싶은 말을 하는 게 핵심이다. 나아가 그가 자신 있게 말할 수 있도록 쉬운 질문을 덧붙인다면 금상첨화다.

❷ '덕분에'라는 단어를 첨가한다.

상대로부터 도움을 받았다면 도움의 크기를 떠나서 감사함을 말로 표현하자. 이때 '덕분에'는 좋은 방법이 된다. "동료들의 좋은 아이디어 '덕분에' 프로젝트를 성공시킬 수 있었습니다.", "김 대리가 데이터 정리 잘 해준 '덕분에' 마감 시간을 지킬 수 있었어요.", "부장님께서 회의 때 힘을 실어주신 '덕분에' 타부서 협조가 쉬웠습니다. 감사합니다."……

하급자뿐 아니라 상사도 칭찬의 대상임을 잊지 말자. 직급이 높을수록 칭찬받을 기회는 적어진다. 무거운 책임감에 짓눌려 웃을 일이 줄어든다. 술 없이도 상사와 친해지고 싶다면 칭찬하자. 칭찬은 상사도 웃게 한다.

❸ 다른 사람이 알도록 널리 칭찬한다.

칭찬은 단둘이 있을 때보다 공개적인 장소에서 하는 것이 더 효과적이다. 많은 사람들 앞에서 칭찬을 받게 되면 인정욕구가 충족되어 기분 좋은 기억으로 오래 남는다.

제3자에게 하는 칭찬 또한 효과적이다. '이번 계약은 박 과장님의 순발력 있는 대처능력이 있었기에 가능했다고 부장님께서 칭찬하시던데요.'라고 전해들은 박 과장의 마음은 어떨까? 자신을 칭찬한 부장과 이를 전달해준 동료 모두에게 좋은 감정을 갖게 된다. 얼굴 맞대고 칭찬한 후 당사자가 없는 자리에서 한 번 더 칭찬하라. 당신을 더욱 신뢰하고 호감을 느낄 것이다.

❹ 긍정의 말투로 칭찬한다.

"정말 좋은 아이디어예요! 역시 더 돋보여요."

"기획안도 탄탄하고 무엇보다 김 과장의 열정이 느껴져서 성공이 기대되는데요."

긍정의 감정을 담은 말투로 칭찬해야 호감을 얻을 수 있다.

'여보, 당신이 파김치 좋아해서 한번 담가봤는데 맛이 어때요?'라는 아내의 질문에 '나쁘지 않아.', '싫지 않아.'라는 남편의 대답은 칭찬이 아니다. 파김치가 된 아내가 기대하는 대답은 객관적인 평가가 아니라 긍정의 칭찬이다. 상대에 대한 기대치가 높아질수록 칭찬에 인색하게 된다. 자녀가 성장할수록 칭찬이 줄어드는 이유다. 사춘기 자녀와의 관계가 소원해졌다면 아침, 저녁 긍정의 말투로 칭찬하자.

❺ 바로 그 자리에서 칭찬하자.

커다란 몸집의 곰도 '건빵 한 조각'에 앙증맞은 개인기를 보여준다. 조련사가 제때 건네주는 '물고기 한 마리'가 있기에 돌고래와 물개의 멋진 수중 쇼도 가능하다. 칭찬하는 사람의 부담과 달리 받는 사람은 강도의 세기보다 잦은 빈도에 더 동기부여가 된다. 근사하고 멋진 표현을 고민하느라 시기를 놓쳐선 안 된다. '어떻게' 칭찬하느냐만큼이나 중요한 것이 '지금 바로', '즉각적'으로 표현하는 것이다.

❻ 헤어질 때 칭찬으로 마무리하여 여운을 남긴다.

"오늘 좋은 장소 예약해주셔서 모임이 더욱 즐거웠습니다. 운전 조심하세요."

"참, 지난번 직접 만들어주신 책갈피는 보는 사람마다 예쁘다고 해요. 책갈피 덕분에 책 읽는 즐거움이 더 커졌어요. 조심히 오래오래 사용할게요."

스치듯 자연스럽게, 남들이 놓치기 쉬운 작은 부분을 끄집어내어 헤어질 때 칭찬으로 마무리하라. '다음에 또 봬요'라는 인사말보다 '또 만나고 싶은 사람'으로 기억되는 데 효과적이다.

❼ 가족을 칭찬한다.

'오늘 뒷정리 깔끔하게 하는 은샘이 보고 놀랐어요.'라고 자녀의 이름을 불러주며 칭찬하라. 상대방을 직접 칭찬하는 것보다 그의 자녀나 가족을 칭찬하는 것이 몇 배 더 효과가 크다.

❽ 말이 아닌 글로 칭찬한다.

말은 즉각적으로 표현할 수 있는 간단한 방법이지만 이내 사라진다는 단점이 있다. 칭찬의 글을 손편지나 이메일, 카카오톡으로 전해보자. 자신에 대해 칭찬하는 글이 적힌 카드나 문자를 한 번 읽고 버리는 사람은 거의 없다. 곁에 두고 꺼내 볼 때마다 에너지 충전을 하며 당신에 대해 좋은 감정을 쌓아갈 것이다.

❾ 칭찬도 자꾸 해야 는다.

갑자기 닥쳐서 하려면 잘 안 되는 게 사람이다. 오늘부터 하루에 하나씩 집중해서 연습해보자. 일주일이면 당신은 자연스러운 칭찬만으로도 친화력 있는 사람이 될 수 있다.

그냥 평소처럼 말했을 뿐인데

가까운 사람에게는 '고맙다, 잘했다'고 말하는 데 인색한 반면, 상대적으로 먼 사람에게는 '거절'을 못하는 게 또 우리 모습이다. 거절만 그런가? 설득도 애를 먹인다. 이 우울한 일상적 풍경을 깨뜨리고 행복에 다가가려는 당신에게 당당히 거절하고, 즐겁게 설득하는 방법을 소개한다.

7장

거절과 설득,
하기 힘들다면

샌드위치 화법으로
지혜롭게 거절한다

몇 해 전 어느 공기업 취업 사이트가 420명의 직장인을 대상으로 설문조사를 벌였다. 회사 생활 중 가장 어려운 커뮤니케이션에 대한 질문에 36퍼센트가 상대의 부탁을 거절하는 일이라고 응답했다.

위계질서가 있는 직장에서 상사의 부탁을 거절하기란 어렵다. 능력이 없다고 평가하지는 않을까, 승진 등 인사상 불이익을 받게 되지 않을까 신경 쓰인다. 동료의 부탁은 괜히 관계가 불편해질까 찜찜하다. 이해관계에만 치중하거나 당장의 불편한 관계를 피하고자 무조건 '예스'라고 대답하는 것은 조심해야 한다. 당사자는 물론 회사를 위해서

그냥 평소처럼 말했을 뿐인데

도 최선의 선택이 아님을 명심하자.

타고난 손재주와 최선의 노력으로 업무를 깔끔하게 마무리해서 뭘 맡겨도 믿음직한 동료가 있다. 둘째라면 서러울 정도로 성실하고 책임감이 강하며 솔직한 성격이 맘에 들어 가까이 지냈다. 그런데 한 번씩 예기치 않은 상황에서 느껴지는 거리감에 당황스러웠던 적이 있다.

"무슨 일 준비로 잠깐 모일까 하는데 시간 되나요?"

"전 못 갑니다."

"지난번 만들었던 디자인 맘에 드는데 이번에도 도와줄 수 있나요?"

"안 됩니다."

질문이 끝나기가 무섭게 단호하게 거절하는 말투가 불편하다. '내가 무슨 말실수라도 했나?', '나한테 화가 난 건가?', '기분 나쁜 일이 있었나?' 갖은 생각을 하게 된다. 이렇다 할 이유도 모른 채 불쾌한 나머지 '뭐, 자기만 바쁜가?'라고 구시렁거리게 된다. 즉각적이고 직설적인 거절화법은 오해를 불러일으키기 쉽다.

물론 그는 거절의 의사를 전달한 후에 자신이 거절할 수밖에 없는 이유를 얘기했었다. 일정이 겹쳤다거나 시간적 여유가 있으면 나중에 돕겠다고 했고 실제로 기꺼이 힘을 보탰다. '이렇게 도와줄 거면서 그땐 왜 그렇게 표현했을까?' 생각하며 혼자 오해하고 서운해했던 기억을 애써 지웠다.

함께하는 시간이 많이 흘렀고, 그의 본심을 알기에 이제 오해는 안 하지만 역시나 익숙하지 않은 건 사실이다. 행여나 그가 지닌 많은 장점들이 단호하고 직설적인 거절에 가려 빛을 발하지 못할까 안타깝다.

가까운 사이라 하더라도 '어떻게 거절하느냐'에 따라 관계가 소원해지기도 한다. 거절할 땐 하더라도 상대방의 제안을 끝까지 경청한 후 상대가 불쾌한 감정을 느끼지 않도록 표현해야 한다. 상대가 헷갈리지 않도록 거절의 내용을 명확하게 전달하되 표현은 부드러워야 한다.

'이런 사람에게 부탁하려고 했다니 내가 사람을 잘못 봤어.'

'지난번 내가 도와준 거 벌써 잊은 거야?'

부탁한 사람이 부정적인 감정을 느끼면 결국 손해 보는 건 자신이다. '아쉽지만 할 수 없지.'라고 생각할 수 있도록 거절의 표현법을 배우고 실생활에 적용해 보자.

일본의 인사 컨설턴트 라이프 카운슬러이자 작가 나카노 히로미는 반드시 '능숙하게 거절하는 기술'을 익히라고 말한다. 다음의 '예스, 노, 예스의 샌드위치 화법'은 그의 저서 〈호감 가는 말투 미움 받는 말투〉에 소개된 내용이다.

[예스] "초대해 주셔서 고맙습니다." 먼저 분명하고 밝게 감사의 말을 전하라.

[노] "그런데 죄송합니다. 실은 그날 고향에 계신 부모님이 오시기로 하셔서 마중을 가지 않으면 안 됩니다." '갈 수 없는 이유'를 말하라.

[예스] "여러분들끼리 즐거운 시간을 보내시기 바랍니다." 웃는 얼굴로 마무리하라.

3단계의 샌드위치 화법을 실천하니 상대의 요청에 휘둘리는 것이 아니라 내 마음을 살피고 전달할 수 있게 된다. 원하지 않는 것을 억지로 해야 하는 상황을 만들지 않게 되니 마음이 편하다.

'오늘 고생 많았는데 다들 저녁식사 함께할까요?'라는 상사의 호의에 이제는 웃으며 이야기하는 당당한 워킹맘이 되었다.

"초대해 주셔서 고맙습니다. 그런데 죄송합니다. 월요일은 남편이 늦게 귀가하는 날이라 제가 아이들을 돌봐야 해서요. 다른 요일에 오늘처럼 좋은 자리 있으면 꼭 참석하겠습니다."

"부장님도 고생 많으셨습니다. 시간 내어 주셔서 감사합니다. 그런데 죄송합니다. 아직 아이들이 어려서 저녁 시간은 좀 어렵습니다. 대신 점심시간은 언제든 환영입니다."

퇴근길에 이모로부터 문자를 받았다. 블루베리 농사를 지으시는 시어머니께서 지인들에게 팔아 달라 부탁하시며 몇 상자를 보내주셨단다. 예전 같으면 마지못해 '하나 살게요.'라고 답장을 보내고 주변에 나눠 주었을 것이다. 오늘은 평소와 다르게 답장을 보냈다.

[예스 : 긍정의 피드백] 정성껏 키우신 블루베리를 싸게 살 수 있는 기회를 줘서 고마워요.

[노 : 구체적인 거절 이유를 밝힘] 그런데 미안해요. 조만간 보관이사 계획하고 있어 냉동실을 비우는 중이고 지난번 친정 부모님이 보내주신 블루베리도 남아 있어요.

[예스 : 대안을 제시] 내년에도 기회가 된다면 구매할게요.

긍정·부정·긍정의 샌드위치 화법을 지혜롭게 사용하기 위해서는 다음을 기억하자.

첫째, 첫 긍정에 이어 거절을 이야기할 때는 지체하지 말고 단숨에 말해야 한다. '초대해 주셔서 감사합니다.'라고 말한 뒤 머뭇거리면 '뭐 좋아해요?', '○○ 먹으러 갈까요?'라고 이야기가 진전되어 거절하게 어렵게 된다. '남편이 늦게 귀가하는 날이라 제가 아이들을 돌봐야 합니다.'라고 말하고 잠시 멈춘다면 '아이들 데리고 참석해도 돼요.'라며 설득하려 할 수도 있다.

둘째, 거절에 이어 대안을 제시한다. 직장에서 인정받는 사람은 '안 됩니다.', '못 합니다.'라는 말을 쉽게 하지 않는다. '안 됩니다.' 대신 '2시 회의 이후로는 시간이 가능하니 그때 연락드려도 될까요?'라고 바꾸어 응대하고, '담당자가 없어서 지금 확인할 수 없습니다.' 대신 '자리에 오는 대로 바로 연락드릴 수 있도록 전달하겠습니다.'라고 바꾼

그냥 평소처럼 말했을 뿐인데

다. 대안 제시를 통해 상대에게 휘둘리지 않고 일정을 조정할 수 있다. 거절하면서도 무책임하고 불친절하다는 부정적 평가를 피할 수 있다.

셋째, 상대가 요구하는 바를 눈치 챘다고 하더라도 중간에 말을 끊어서는 안 된다. 끝까지 이야기를 들어주고 거절할 때도 정성껏 이야기해야 한다. 그렇지 않으면 상대는 방어적인 태도에 무시당했다고 생각할 수 있다.

넷째, 거절했던 일이라도 진행 상황, 결과에 관심을 표현하라. '어떻게 됐어요? 잘 마쳤어요?'라고 관심 가져 주는 당신에게 상대방은 호감을 갖게 될 것이다.

긍정·부정·긍정의 샌드위치 화법은 상대방의 지위가 높고 낮음에 관계없이 사용할 수 있다. 상대와 좋은 관계도 유지하면서 나 자신을 지키기 위한 방법이다. 잘 익혀서 지혜롭게 거절하자.

거절할 때 상대방의 기분을 상하지 않게 하려는 노력을 아끼지 않는 만큼 나를 아끼는 친구들 역시 늘어날 것이다.

– 사토오 아야코

거절당하지 않으려면
심리학을 쓴다

저녁 먹고 잠시 휴식을 취할 때 울리는 세탁기 작동 종료음은 달콤한 쉬는 시간에 이은 수업 종소리처럼 느껴진다. 즐겨보는 TV 프로그램을 시청하고 있는 딸을 움직이게 하기 위해선 요령이 필요하다.

"하은아, 양말만 골라서 빨래 건조대에 너는 거 도와줄 수 있니?"

"하은이가 도와주니까 요즘 엄마는 빨래 너는 게 행복해."

"빨래 종류별로 엄마한테 건네주렴."

"세탁기에 남은 빨래 좀 꺼내줄 수 있을까?"

처음부터 세탁기에서 빨래 꺼내오라고 주문했다면 딸의 성향으로

그냥 평소처럼 말했을 뿐인데

보아 '왜 제가 꼭 해야 하는데요?', '전 아직 어린데요.'라며 말씨름을 했을 것이다. '양말만'이라는 작은 부탁에 딸은 기꺼이 엉덩이를 털고 일어난다. 끝까지 성심껏 도와준 덕에 고단한 워킹맘의 피로가 씻긴다.

부탁과 관련해 최근 경험한 또 하나의 사례가 있다.

세계에서 가장 많은 폐기물을 수입해오던 중국에서 폐플라스틱 수입을 중단하자 올 4월 전국적으로 재활용 쓰레기 대란이 벌어졌다. '나 혼자 해서 뭘……'이 아닌 '나부터라도!'라는 의식을 가진 직장 동료 2명과 프로젝트를 기획했다. 이 프로젝트는 경기도 작은도서관협의회의 공모사업으로 선정되어 예산을 지원받았다. 우리는 성남환경운동연합과 협업 과정을 통해 실천전략을 구체화했다. 그중 하나가 '우유팩 모으기'였다.

먼저 자원을 재활용하기 위해선 가정에서부터 깨끗이 씻어 제대로 배출해야 한다. 교육을 통해 '1L 우유팩 1,750개를 모으면 20년 된 소나무 1그루를 살리는 효과가 있다.'라는 정보를 접했다. 책을 통해 얻은 지식을 실천해 보자는 취지로 시작했다. 캠페인 3개월 만에 100여 명의 참여자가 350킬로그램을 모았다. 5개월이 되었을 무렵 650킬로그램을 초과하는 기적을 만들어 냈다. 소나무 13그루 이상 살린 효과이다.

우리는 '종이컵 쓰지 마세요.'가 도리어 반발을 불러오리라고 예상하고, 이를 '부득이하게 종이컵을 쓰게 되면 깨끗이 헹궈서 가져오세요.'로 바꿔서 말했다. '1개라도 괜찮아요. 함께 참여하는 데 의의가 있지요.'라며 밝은 표정과 긍정의 말투로 상대가 부담을 느끼지 않도록 부탁한 결과다.

우유팩을 깨끗이 정리해 가져온 동료들에겐 약속한 화장지로 교환해 주면서 사진을 찍어주었다. 임시 벽면을 이용해 만든 설치미술 작품에 참여자들의 이름을 적어주었다. "와, 깨끗이 잘 정리해 오셨네요. 그새 이렇게나 많이 모으셨어요?" 칭찬과 인정에 참여도가 높아졌다.

아쉬운 소리 하는 것이 싫어서, 거절당할까 봐 부탁하는 것에 어려움을 겪고 있는가? 혼자서 할 수 있는 일은 제한적이고 있더라도 비효율적일 때가 많다. 직장에서든, 가정에서든 하루에도 몇 번씩 상대방에게 부탁해야 할 상황이 생긴다. 다음에 소개하는 기술을 익혀 전략적으로 부탁하자.

 심리학이 증명하는 거절당하지 않는 부탁 방법 6가지

❶ 작은 일부터 부탁하여 상대의 거부감을 없앤다.

처음부터 큰 부담을 안겨주면 거절당하기 쉽다. 나이토 요시히토 작가는 〈말투 하나 바꿨을 뿐인데〉에서 '이것 하나만이라도……'라고 말

그냥 평소처럼 말했을 뿐인데

할 때 상대방이 응할 확률이 높아진다고 말한다. '양말만', '우유팩 1 개만', '하루 한 장만이라도'라고 부탁하는 말투로 상대의 거부감을 없앤다.

애리조나 주립 대학교의 로버트 치알디니(Robert B. Cialdini)의 실험이다. 그는 미국의 어느 중산층 주택 84세대를 방문하여 모금을 하였다. '미국 암협회에서 나왔는데, 1페니라도 좋으니 협회를 위한 모금을 부탁한다.'고 했을 때 58.1퍼센트가 모금에 참여했고 평균 32.3달러 기부했다. 반면 '1페니라도 좋다.'는 말을 하지 않고 부탁했을 때는 32.2퍼센트의 세대만 모금에 참여했으며 평균 기부액은 20.74달러에 그쳤다.

❷ 단계적으로 부탁하여 동의를 구한다.

사소한 부탁을 들어준 경우는 보다 큰 부탁을 해도 들어줄 가능성이 높다. 사람은 일관성을 유지하기 위해 자신의 행동에 책임을 지고 부담을 감수한다.

이는 심리학자 조너던 프리드먼(Jonathan Freedman)과 스콧 프레이저(Scott C. Fraser)의 연구에서 명명된 문전걸치기 전략(Foot in the door Technique) 또는 단계적 요청법을 통해서도 알 수 있다.

이 두 명의 심리학자는 정원이 있는 주택을 방문해 어려운 아동을 돕자는 표지판을 꽂게 해달라고 부탁하자는 실험을 벌였다. 처음부터 표지판을 꽂게 해달라고 부탁한 그룹은 10퍼센트 미만의 사람들에게 동의를 얻었다. 반면 먼저 '어려운 아동을 돕는 데 동의하는지?' 묻는 설문조사를 한 후, 다음 날 서명 받은 집을 다시 방문해서 '표지판을 꽂게 해달라.'고 부탁한 그룹은 90퍼센트 이상의 동의를 얻어 냈다.

❸ 분명한 목적과 목표를 알려주어 의욕을 고취시킨다.

상대방에게 부탁할 때는 목적과 목표를 분명하게 알려준다. 부탁의 말만 전달하면 명쾌한 동의를 얻기 어렵다. 동기부여도 안 되어 능동적인 참여를 기대하기 어렵다. 상대의 의욕을 고취시켰다면 좋은 성과를 기대해도 좋다. 능동적인 참여와 창의성을 보여줄 것이다.

❹ 웃는 얼굴과 간식은 상대방의 마음을 열어준다.

까다롭거나 번거로운 부탁을 할 때는 직접 찾아가라. 전화로 부탁하는 것보다 웃는 얼굴로 마주해서 부탁하는 것이 더 효과적이다. 사무실 방문을 요청해도 좋다. 간단한 간식을 제공하여 상대가 행복하고 유쾌한 감정을 느끼도록 한다. 미소 띤 얼굴로 건네는 따뜻한 차 한 잔, 과자 한 조각이 상대방의 마음을 열게 한다. 밥을 같이 먹으며 도움을 요청할 경우도 승낙을 얻어 낼 확률이 높다.

❺ 선택지만 있을 뿐 거절의 기회가 없도록 질문한다.

"주사를 오른쪽 팔에 맞을까? 왼쪽 팔에 맞을까?"

"여보, 분리배출 도와줄래요? 아이들 목욕시켜줄래요?"

아이를 키우는 노련한 엄마들의 질문법이다.

사회에서 협업을 할 때도 이 질문은 유용하다. 분명 상대에게 "~해주세요."라고 명확히 의사를 전달해야 할 때도 있다. 두 가지 이상의 대안이 있다면 상대가 스스로 선택하게 하는 게 요령이다. 상대는 강요받았다는 불쾌한 감정을 갖지 않고 자신의 선택에 책임을 다해 도움을 줄 것이다.

❻ 먼저 칭찬하고 부탁하라.

칭찬을 들을 때 상대는 행복해진다. 칭찬을 받으면 뭔가 도움을 줘야 한다고 생각하게 된다. 손 내밀면 언제나 적극적으로 도움을 주는 에너지 넘치는 동료가 있다. 볼 때마다 부족한 나 자신을 돌아보게 하는 배울 점 많은 인생 선배이다. 당연히 마주하게 되면 칭찬의 말이 나온다.

"난 칭찬해주는 거 무서워. 또 무슨 일 시키려고 그래." 하며 싫지 않은 웃음을 보인다. 칭찬은 윤활유가 되어 원만한 관계를 유지하게 하고 상대는 기꺼이 도움을 줄 것이다.

숫자마케팅을
일상에 접목한다

'2017년 국민독서 실태조사' 결과에 따르면 우리나라 성인의 독서율은 59.9퍼센트이다. 성인 10명 중 4명이 1년 동안 책 한 권도 읽지 않는다는 의미다. '책의 해'를 맞이해 1월 2일 몇몇 직장 동료들과 모여 독서동아리를 만들었다. 동아리 이름은 '부끄럼'으로 지었다.

[부끄럼] '북(Book) 그럼, 읽어볼까? 달려볼까? 나눠볼까?'

대부분 마음은 있으나 시간이 없어서, 습관이 안 되어 책을 못 읽

그냥 평소처럼 말했을 뿐인데

던 부끄러운 직장인들이었다. 먼저 책 읽는 습관을 기르기 위해 '100일간 하루 20페이지 이상 읽기'와 '책 1페이지 읽을 때마다 10원씩 기부'라는 규칙을 세웠다. 기부리딩 동아리는 매월 릴레이식으로 발대하여 누적 인원 100명이 넘는 회원이 모였다. 가방 속에 늘 책을 휴대하는 회원, 점심시간 쪼개어 독서하는 회원이 하나둘씩 생겨났다. 일 년에 10권도 채 못 읽던 10여 명의 회원들이 독서 마라톤 풀코스(42.195km, 8,439페이지)를 완주하는 쾌거를 이뤘다. 이는 성남형 교육에서 진행하고 있는 독서 마라톤(1페이지를 5m로 환산)을 벤치마킹한 것으로 250페이지 분량의 책 34권에 달하는 분량이다.

2018년 4월은 쓰레기 대란과 초미세먼지 등으로 마스크가 외출 필수품이 되어 전 국민이 환경에 대해 큰 관심을 가질 때였다. 책 읽는 근육을 키운 워킹맘들이 다시 머리를 맞대었다. '[부끄럼] 북(Book), 그럼 읽어보자! 바꿔보자! 나눠보자!'라는 구호로 자녀들과 함께 '청소년 기자단'을 출범시켰다. 환경에 대한 문제 인식, 해결방법 모색, 실천전략을 수립하는 가운데 책을 읽고 끊임없이 소통했다.

'1리터 우유팩 1,750개가 20년 된 소나무 한 그루 살리는 효과가 있다는 정보를 공유하며 5개월간 12그루를 살린다'라는 목표를 세웠다. 다섯 명의 워킹맘이 세운 목표라 하기엔 황당무계할 수 있지만 해냈다. 총 160여 명이 참여하여 열흘이나 앞당겨 목표를 달성, 13그루 이상 살리는 성과를 이뤘다. 5개월간 부모들과 함께 소통하며 실천했던 자녀들은 11월 초 '청소년 환경활동 실천발표 대회'에서 '성남시장상'을 수상했다.

상대방을 설득하고 동기 부여하여 행동의 변화를 꾀하기 위해서는 구체적인 숫자를 넣어 이야기해야 한다. 숫자나 통계에 의미를 부여하여 설명하면 상대를 쉽게 설득할 수 있다. '42.195km를 의미하는 8,439페이지'와 '소나무 1그루를 살릴 수 있는 우유팩 1,750개'라는 숫자는 구체적인 목표를 제시함과 동시에 가치를 전달하는 효과가 있다.

'과연 될까?' 의구심을 갖고 주저하는 사람들에게 진행되는 성과를 수치화하여 보여주면 효과적이다. 주 단위 회원들의 독서량과 수거량을 공유하자 초반 부진했던 회원들도 꾸준히 상승하는 성과를 보여주었다.

도전적인 목표에 동기부여 되는 사람도 있지만 목표가 너무 높으면 시작을 머뭇거리는 사람도 있다. 이럴 땐 '하루 20페이지', '한 페이지에 10원'처럼 목표를 작게 쪼개어 제시한다.

'책을 읽는 습관을 기르자', '분리배출을 잘해 자원 순환하자'라는 구호만으로는 약하다. 단기간에 집약적으로 성과를 내고자 한다면 숫자를 이용해 구체화시켜야 한다.

숫자를 넣어 이야기하는 것은 아이들의 행동을 촉진, 억제하는 데에도 효과적이다.

"하은아, 오늘부터 줄넘기운동 시작하자. 최종 목표는 하루에 500

그냥 평소처럼 말했을 뿐인데

번씩 하는 거야. 오늘은 첫날이니까 250개 해보자. 하루에 50개씩 늘려보자."라고 제안했다. 운동을 그리 좋아하지 않지만 승부욕 있는 딸은 포기하지 않고 제시한 개수를 초과했다. 이튿날 100개 넘게 늘린 건 물론 'X자 뛰기'도 1개에서 4개로 늘어났다.

'TV 조금만 봐.'보다는 'TV 20분만 봐.'라고 할 때 아이들이 약속을 지킬 확률이 크다. 아이들과 약속할 때는 숫자를 이용하여 이야기하면 언성을 높일 일이 줄어든다.

숫자를 넣어 말할 때 설득력이 있다는 것은 특히 치약 광고 문구에서 알 수 있다. 다른 제품에 비해 용기나 기능 등이 비슷한 치약의 구매 결정을 유도하기 위해 기업체는 숫자로 설득하고 있다.

- 건강한 치아를 상징하여 대중적인 제품으로 자리 잡은 2080
- 99.9% 구취 원인균 제거
- 3개월 효능평가 결과 3.6배 개선
- 입 냄새 걱정을 떨쳐주는 ○○○ 46센티
- 임상으로 확인된 치석 형성 억제율 93%
- 설문 조사 결과 93%가 효과 인정
- 5일 만에 잇몸질환 초기증상 75% 예방 효과

이처럼 우리는 일상생활에서 빈번하게 숫자를 이용한 정보에 설득

당하고 있다. 이를 숫자 마케팅(뉴메릭 마케팅, neumeric marketing)이
라 한다.

〈관점을 디자인하라〉의 저자인 박용후 대표는 '숫자는 어떤 대상의
상태나 느낌을 한정을 짓고 감성적인 인식을 정량적 인식으로 바꿔준
다. 그래서 단점보다는 장점이 많고, 마케팅에서도 수치화하려는 노력
을 많이 한다.'라고 말한다.

통계는 전문지식이나 정보가 부족할 때, 후회 없는 선택을 위해 시
행착오를 줄이고자 할 때 쉽게 신뢰하는 정보이다. '○○수술 500례
달성'이라는 문구는 정보가 부족한 환자와 보호자에게 병원과 의료
진을 신뢰하게 한다. '출시 한 달 만에 20만 잔 돌파'라는 말에 마셔보
고 싶다는 호기심을 불러일으킨다.

상대방을 설득하고자 한다면 일상생활에서 숫자를 사용하여 이야
기하는 말투 습관을 지녀라.

 숫자마케팅을 일상에 접목하는 3가지 방법

**❶ 주제와 관련된 명확한 의미를 담을 수 있는 숫자를 사용하여 인지도를
높여라.**

매일 4일은 '안전점검의 날'이다. 왜 4일인가 하면 숫자 '4'는 불길한

그냥 평소처럼 말했을 뿐인데

숫자라고 생각하는 관습적 사고를 활용하려는 의도가 있다.

❷ 직장의 소통 언어는 숫자다.

측정 가능한 수치로 되어 있는 성과지표는 목표 공유가 쉽고 달성 확률이 높다. 메일 발송을 할 때도 'ASAP(가능한 한 빠른 시일 내)', '오늘까지'라는 표현보다는 '○○일 ○시까지'처럼 숫자를 넣어 요청하라. 'ASAP', '오늘까지'라는 표현은 주관적 해석이 가능하다. '오늘'에 대한 기준이 천차만별이다. 오늘이라 했을 때 퇴근 시간까지라고 해석한 사람은 일과 중에 회신하려 노력한다. 자정까지라 생각하는 사람은 저녁 먹고 야근할 계획을 세운다. 개중에는 어차피 내일 출근해서 보겠거니 생각하고 출근 시간으로 늦추는 사람도 있다.

'○○시까지'라고 보내는 메일이 기한 내 회신될 확률이 높다는 것을 기억하자.

숫자를 넣어 말하면 보다 전문적이고 긍정적인 이미지를 줄 수 있다. 출처가 분명해서 신뢰할 수 있는 근거와 함께 '수익률이 30% 증가할 것입니다.'라고 보고한다. 상사는 당신을 유능한 직원이라 평가할 것이다.

❸ 발표할 때는 '3'이라는 숫자를 사용한다.

"○○문제를 해결하기 위한 3가지 제언은 다음과 같습니다."

"제가 ~하다고 주장하는 이유는 다음의 3가지 때문입니다."

숫자 '3'은 완전한 숫자이자 상대방을 설득하는 마법의 숫자다.

그냥 평소처럼 말했을 뿐인데

말투는 당신의 태도를 담는
그릇이다

"선생님은 열정이 넘치시네요. 엄청난 에너지가 느껴져요."

"역시 듣던 대로 열정이 넘치시네요. 선생님은 제가 찾던 같이 일하고 싶은 사람이네요."

"저희 ○○○에 모시고 싶습니다."

"선생님이 발표하실 때 심사위원이었습니다. 인상 깊어 연락드렸습니다."

최근 새로이 만난 이들에게서 들은 인사말이다. 그들은 필자의 말투에서 '열정'을 느꼈고, '신뢰'를 갖게 되었다며 호감을 표현했다.

아이러니하게도 그들은 모두 해당 분야의 전문가였고 나는 그 분야에서는 경험이 전무한 초보였다. 그들에 비하면 관련 지식이나 경험이 턱없이 부족한데도 그들은 내 말을 귀담아 들어주었다. 생각지도 못한 칭찬과 함께 기대 이상의 도움도 받을 수 있었다. 처음 만난 그들을 설득하고 신뢰감을 줄 수 있었던 건 뛰어난 언변도, 실력도 아니다. 결핍이 '할 수 있다'라는 긍정의 생각과 만나 에너지로 변화되어 '열정을 가진 말투'로 표현된 결과라고 단언한다.

> 정열적으로 말을 하는 사람은 그렇지 않은 사람에 비해 더 많은 관심을 가지게 된다. 그런 사람의 말 속에는 활기찬 기운이 흘러넘치고 그것은 공기를 타고 옆 사람에게 전해진다. 말에 확신이 스며들어 있으므로 제스처도 힘 있게 보태진다. 목소리와 표정이 확신에 차 있으면 듣는 사람은 저절로 신뢰하게 된다. 말하는 사람이 자신의 생각을 확신에 찬 음성으로 말할 때 지지자는 반드시 생기게 마련이다.

〈이기는 대화〉의 저자 이서정 작가의 말이다.

직장에서는 대부분 협업이 필요해 수많은 사람을 만나게 된다. 그중에는 유독 눈에 띄는 보석 같은 동료들이 있다. 상대에게 먼저 손 내밀어주고, 적극적으로 한 발짝 다가서는 그들에게선 긍정적 기운이 감돈다. 그들과 함께 미래를 꿈꾸며 열정적으로 말했던 일들이 하나씩

그냥 평소처럼 말했을 뿐인데

실현되는 것을 목도하는 일은 실로 경이롭다. 열정의 말이 우리의 마음을 움직이고, 행동하게 하여 환경을 변화시키는 기적을 만든다. 이런 멋진 이들과 함께 일할 수 있는 직장은 소중하고 감사하다.

열정을 가지고 하는 말은 사람과 사람을 이어준다. 강력하게 끌어당기는 힘이 있어 친화력도 뛰어나다. 도움을 주고받는 과정에서 헌신과 배려, 감사와 기쁨을 맛본다.

일복이 많다고 푸념할 필요가 없다. 많은 일 중에 열정을 갖게 하는 것을 찾아보라. 열정이 있으면 좋아하게 된다. 반대로 좋아하는 일이 열정을 불러일으키기도 한다. 그 열정을 상대에게 전달할 때 인복도 따라온다.

"선배님은 업무 스트레스를 어떻게 푸세요? 늘 즐거워 보이세요."

"난 일하면서 받는 스트레스는 일하면서 푸는데."

전출을 앞둔 후배와 식사를 하다 질문을 받았다. 한 번도 생각해보지 않았던 질문이긴 했지만 주저함 없이 대답할 수 있었다. 퇴근과 동시에 집으로 출근하는 워킹맘에겐 늘 혼자만의 시간이 아쉽다. 아직 엄마의 손길이 많이 필요한 어린 자녀가 있을 땐 이렇다 할 자신만의 취미 생활을 한다는 건 사치에 가깝다. 취미보다는 부족한 잠을 보충하는·게 급선무다. 다행스럽게도 일을 하면서도 얼마든지 즐거울 수 있다는 것을 알고 실제 일하면서 풀고 있으니 출근이 행복하고 치열하게 일할 수 있다.

: 지혜롭게 열정을 관리한다 :

어차피 직장은 일하기 위해 출근한 곳이고, 하는 일이 전부 즐거울 수는 없다. 즐거운 일로만 가득 차더라도 업무량이 많으면 이 또한 스트레스로 다가온다. 직장은 하루에도 몇 번씩 롤러코스터를 타듯이 희비가 엇갈리는 곳이다. 아무리 힘들고 하는 일마다 꼬이는 날이라 하더라도 좋은 순간 역시 존재한다는 사실을 기억하자. 감사한 순간, 행복한 순간에 초점을 맞추고 에너지를 충전하는 것이 중요하다.

학창시절을 떠올려보자. 수학 점수가 낮다고 온종일 수학책만 붙들고 있으면 괴로움 그 자체다. 학습능률도 안 오르고 자신감도 낮아진다. 반면 성적이 잘 나오거나 흥미를 느끼는 과목을 공부할 때는 수월하고 스트레스도 덜 받는다. 좋아하는 친구나 선생님으로부터 인정받을 땐 그동안의 피로가 말끔히 풀린다. 그렇게 좋아하는 과목과 부진한 과목을 번갈아 공부하면서 책상 앞에 앉아 있는 지구력을 길렀고 고3 수험생의 터널을 지났다.

내게 주어진 일들을 살펴보자. 밀물처럼 밀려오는 많은 일 중에 내가 잘하고 재미있게 할 수 있는 것과 싫어하고 어려운 것을 구분하라. 어렵고 중요한 업무는 집중도가 높은 오전 시간대에 집중력 있게 처리한다. 막힐 땐 잠시 내려놓고 쉽고 빠르게 처리할 수 있는 일을 하며 머리도 식히고 업무 속도를 끌어 올린다. 다른 일에 몰입하다 보면 에너

그냥 평소처럼 말했을 뿐인데

지가 생기고 새로운 아이디어가 떠올라 힘든 줄 모르고 즐겁게 일했던 경험은 누구에게나 한 번쯤 있을 것이다.

'힘들다, 귀찮다, 생각하기 싫다'는 생각이 들 때 관심사를 회사 밖으로 돌려 퇴근 시간만 기다리고 휴가계획을 세우는 직장인은 무기력하고 무관심하다. 그들은 자신의 일은 물론 다른 사람의 부탁을 대수롭지 않게 생각하고 처리한다. 일에 대한 열정과 관심을 잃었기 때문이다. 그들의 말과 행동에는 힘이 없다.

나사(NASA)를 방문한 린든 존슨 대통령이 마침 청소부를 만나 이렇게 물었다.

"자네는 이곳에서 무슨 일을 하고 있나?"

청소부가 주저 없이 대답했다.

"우주선을 달에 보내는 일을 하고 있습니다."

혼자서 할 수 있는 일이 얼마나 되는가? 상당수의 업무가 동료들과 연결되어 있다. 어떤 파트너와 함께 일하고 싶은가? 당신은 어떤 파트너라고 평가받고 싶은가? 유유상종(類類相從)이라는 사자성어가 있듯이 열정적인 동료와 일하고 싶으면 내가 먼저 열정적인 사람이 되어야 한다. 일이 즐겁다고 느끼기 위해서는 그 일에 흠뻑 빠져들어야 한다.

미국의 유일한 4선 대통령이자 미국인들이 20세기 최고의 대통령으로 뽑은 프랭클린 D. 루스벨트(Franklin Delano Roosevelt)는 다음과 같이 말했다.

"스스로 일을 처리하려면 당신의 머리를 사용하고, 다른 사람을 움직이려면 당신의 마음을 사용하라."

모든 말투는 태도를 투영한다. 나의 파트너를 최고로 만들고 싶다면 열정을 가지고 말해야 한다. 열정은 나로부터 시작되는 것이다.

그냥 평소처럼 말했을 뿐인데

왜 짜증을 내냐고?
그냥 평소처럼 말했을 뿐인데

지은이 | 방연주
펴낸곳 | 북포스
펴낸이 | 방현철
편집자 | 권병두
디자인 | 엔드디자인

1판 1쇄 찍은날 | 2019년 5월 10일
1판 1쇄 펴낸날 | 2019년 5월 17일

출판등록 | 2004년 02월 03일 제313-00026호
주소 | 서울시 영등포구 양평동5가 18 우림라이온스밸리 B동 512호
전화 | (02)337-9888
팩스 | (02)337-6665
전자우편 | bhcbang@hanmail.net

이 도서의 국립중앙도서관 출판시도서목록(CIP)은 e-CIP 홈페이지(http://www.nl.go.kr/ecip)와
국가자료공동목록시스템(http://www.nl.go.kr/kolisnet)에서 이용하실 수 있습니다.
(CIP제어번호 : 2019013917)

ISBN 979-11-5815-059-4 03190
값 15,000원